Perfect Guitar

The
Pentatonic
Practice Book

**Bernd
Kofler**

PENTATONISCHE BEISPIELE UND
ANWENDUNGSMÖGLICHKEITEN,
ÜBUNGEN, LICKS UND ÜBUNGSSONGS

IN KOMBINATION MIT DEN
WICHTIGSTEN SPIELTECHNIKEN

Bending

Vibrato

String Skipping

Tapping

Sweeping

Hybrid Picking u.v.m.

**Die mp3 Files zum Buch findest du
auf der Website des Autors unter
www.berndkofler.at**

IMPRESSUM

Bibliografische Information der Deutschen Nationalbibliothek:
Die Deutsche Nationalbibliothek verzeichnet diese
Publikation in der Deutschen Nationalbibliografie
Detaillierte bibliografische Daten sind im
Internet unter http://dnb.d-nb.de abrufbar.

Gestaltung & Layout: Bernd Kofler

Printed in Germany

Herstellung und Verlag:

BoD- Books on Demand, Norderstedt
ISBN 978-3-7481-7842-2

Inhalt

Impressum...4

Editoral...7

Einführung...8

Kapitel 1 - Die Grundstellung.................................**11**

Bending...19

Kapitel 2 - Die erste Umkehrung............................**28**

Vibrato..36

Positionen verbinden...39

Pentatonik und Akkordspiel verknüpfen...................... 42

Kapitel 3 - Die zweite Umkehrung...........................**48**

Lick Transpose...57

String Skipping...59

Kapitel 4 - Die dritte Umkehrung.............................**62**

Tapping...72

Sweeping..77

Kapitel 5 - Die vierte Umkehrung............................**81**

Hybrid - Picking..89

Kapitel 6 - Horizontal...**93**

Verbinden von Positionen...95

Kapitel 7 - Pentatonische Akkorde..**101**

Benennung der Akkorde...103

Kapitel 8 - Theoretisches...**107**

Weitere Einsatzmöglichkeiten der Pentatonik...............................108

Pentatonik und Modes..114

Hybrid Pentatoniken...122

Anhang

Übungs- Plan..125

**Die mp3 Files zum Buch findest du
auf der Website des Autors unter
www.berndkofler.at**

Editoral

Begleitend zum Buch „Perfect Guitar - The Pentatonic Workbook", das sich als Übungsbuch mit technischen Übungen versteht, findest du in diesem Buch viele Beispiele für den praxisnahen Einsatz der Pentatonik. Zusätzlich wird deine motorische Fähigkeit durch die Einbindung verschiedenster Spieltechniken wie Bending, Sweeping oder Tapping gefördert.

Wenn du lernen willst frei zu improvisieren, wird dir dieses Buch bestimmt weiterhelfen. Ich empfehle dir, alle Beispiele der Reihe nach zu spielen und keine Übungen zu überspringen.

Aber auch als bereits fortgeschrittener Gitarrist findest du hier bestimmt noch den einen oder anderen neuen Denkanstoß. Falls du selbst Gitarrenstunden gibst, eignet sich dieses Buch als hervorragende Übungsliteratur für deine Schüler, da es vom Schwierigkeitsgrad her ansteigend aufgebaut ist und alle Beispiele mit exakten Fingersätzen ausnotiert sind.

Ich wünsche dir viel Spaß mit den Übungen in diesem Buch!

Bernd Kofler

Anmerkung:

Ich werde in diesem Buch auf Gender-Mainstreaming verzichten. Es wird also nicht immer von dem Schrägstrich der Leserin die Rede sein. Ein solches Vorgehen macht das Lesen zur Tortur. Um das Geschlecht zu entscheiden, warf ich eine Münze: Kopf für männlich, Zahl für weiblich - solange, bis Kopf fiel. Im eigenen Geschlecht schreibt es sich nämlich am authentischsten.

Dass in diesem Buch der eine oder andere Anglizismus vorkommt, liegt daran, dass die westliche Musik seit dem letzten Jahrundert vom angloamerikanischen Sprachraum dominiert wird.

Einführung

Die pentatonische Tonleiter besteht aus fünf Tönen. Sie ist eine der am häufigsten verwendeten Tonleitern in der modernen westlichen Musik. Durch die Schlichtheit des Aufbaues kann diese Tonleiter in sehr vielen musikalischen Situationen verwendet werden und ist universell für alle Musikstile einsetzbar. Die Pentatonik ist durch ihre besonders komfortable Spielbarkeit auf der Gitarre für Gitarristen besonders reizvoll.

Wie entstand die Pentatonik?

In der klassischen Harmonielehre wurde die heute gebräuchliche Dur Pentatonik als halbtonlose fünftönige Tonleiter mit drei Ganztönen und zwei kleinen Terzen aufgebaut. Die Durpentatonik entsteht aus der Aufeinanderschichtung von vier Quinten (das ist der Tonabstand der sich zum Beispiel bei Power-Chords zwischen Zeige- und Ringfinger ergibt).

Als Beispiel dient die C-Dur Pentatonik. Diese setzt sich aus folgenden fünf Noten zusammen:

c - g - d - a - e

Wenn du diese fünf Töne in die Reihenfolge der klassischen Tonreihe (c - d - e - f - g - a - b - c) setzt, sieht das Ergebnis so aus:

c - d - e - g - a

Die Pentatonik entspricht einer herkömmlichen Dur- Tonleiter, jedoch fehlt deren vierte und siebente Note und sie besitzt daher keine Halbtonschritte.

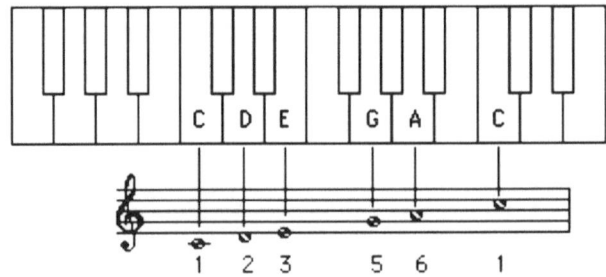

Zu jeder Durtonleiter gibt es eine parallele Molltonleiter. Diese wird von der sechsten Stufe der Durtonleiter aufgebaut. Die parallele Molltonleiter zu C-Dur ist A - Moll. Diese beiden Tonleitern verwenden die gleichen Noten und es entstehen bei der Harmonisierung die selben Akkorde. Auch bei der Pentatonik gibt es parallele Dur- und Molltonleitern.

Die A-Moll Pentatonik verwendet die selben Noten wie die C- Dur Pentatonik. Der Grundton, der für das Ohr als Bezugs- bzw. als Referenzton dient ist jedoch ein anderer, es ist die Note „a".

Somit lautet die A- Moll Pentatonik

a - c - d - e - g

Der Grundton der Moll Pentatonik ist die Note, die sich unterhalb des Grundtones der Dur- Pentatonik befindet.

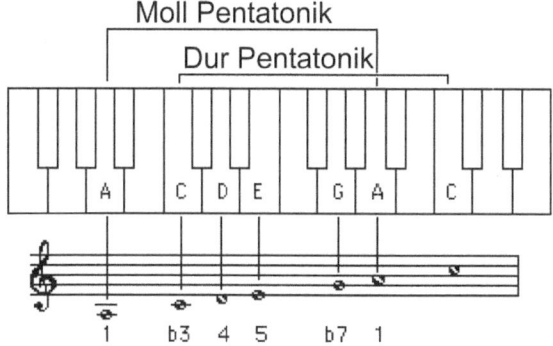

Durch das Verschieben des Grundtones von der Note „c" zur Note „a" verschiebt sich auch das tonale zentrum und die Tonleiter bekommt einen anderen Klang. Sie klingt nun nach einer Molltonleiter.

Höre dir dazu die Hörbeispiele an. Obwohl sie die selben Noten verwenden klingen sie sehr unterschiedlich..

Auch wenn diese theoretischen Hintergründe trocken klingen, so sind sie doch wichtig, damit du verstehst, warum ein und die selbe pentatonische Tonreihe bzw. das gleiche pentatonische Griffbild über ein Musikstück in C- Dur passt, aber auch über ein anderes Musikstück in A-Moll funktioniert. In diesem Buch werde ich auf diese Thematik noch genauer eingehen.

Die Pentatonik dient mit ihren Griffbildern als hervorragende Ausgangsbasis für das Erarbeiten von weiterem Tonmaterial wie der Bluestonleiter oder der Durtonleiter.

Damit du stets einen Überblick am Griffbrett hast, wird das Griffbrett in fünf verschiedene Abschnitte geteilt, für jeden dieser Abschnitte gibt es ein eigenes Kapitel .

Ein paar Tipps zum Üben:

• Wärme deine Handmuskulatur vor dem Üben mit speziellen Warm up Übungen auf.

• Übe langsam und genau. Wenn du etwas langsam und sauber spielen kannst, wirst du es eines Tages schnell und sauber spielen können.

• Höre dir selbst beim Spielen immer aufmerksam zu. Achte auf eventuelle Fehler, um es zu vermeiden, Fehler einzulernen.

• Übe nach Möglichkeit immer mit einem Metronom und klopfe mit dem Fuß im Takt mit, um ein gutes Taktgefühl zu bekommen.

• Übe kurz und oft. Das ist einprägsamer als nur einmal lange zu üben, da du immer „frisch" und konzentriert bist.

So, nun genug der Worte, lass uns mit den ersten Übungen beginnen!

Kapitel

1

Die Grundstellung

Die Grundstellung

Um dich mit der Pentatonik und deren Klangbild vertraut zu machen, wird nun diese Tonleiter auf das Griffbrett übertragen.

Als erstes Übungsbeispiel dient die C- Dur bzw. A-Moll Pentatonik. Du kannst dir das Beispiel nach der Tabulatur, nach dem Fingersatz oder auch mit Hilfe des Griffbildes einprägen. Das Ergebnis ist immer gleich, wähle die Option, mit der du am besten zurecht kommst.

Übung 1

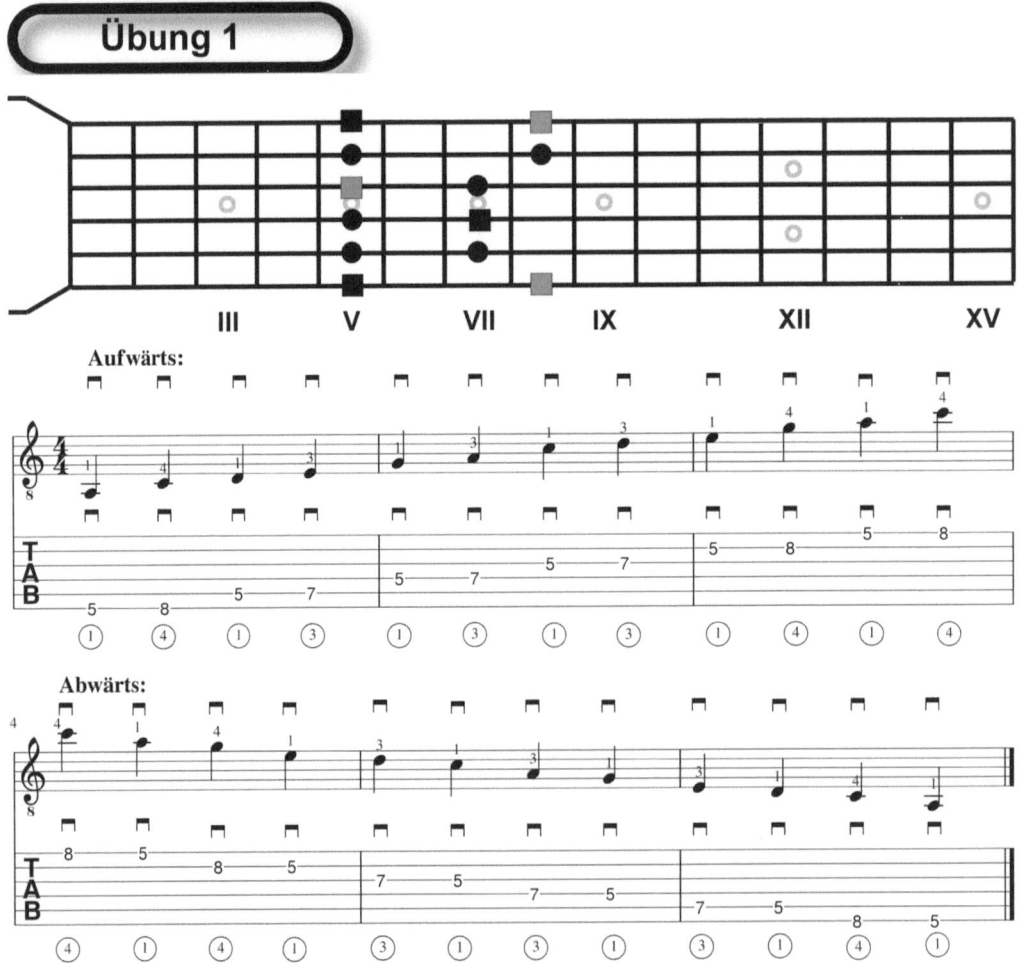

Wenn du dir die Grafik genau betrachtest, siehst du verschiedene Zeichen:

■ = Grundton in Moll (in diesem Fall die Note A, das ergibt A-Moll)

■ = Grundton in Dur (in diesem Fall die Note C, das ergibt C-Dur)

Diese Punkte dienen deiner Orientierung am Griffbrett, um die Pentatonik richtig einsetzen zu können. Dazu musst du folgende Regeln beachten:

Regel 1

↓ Moll - Grundton
↓ (erster Finger)

Zum Spielen zu einem Song in einer **MOLL** Tonart suchst du mit dem <u>**ZEIGEFINGER**</u> **auf der tiefen E-Saite** den Grundton. Damit hast du die passende Position eingenommen. Spiele den Fingersatz wie am Griffbild vorgegeben ab - alle Töne passen zum Song und du kannst damit passend solieren.

Beispiele:

Der Song, über den du solieren möchtest ist in **A-Moll**:

Suche mit dem <u>**Zeigefinger**</u> **auf der tiefen E-Saite** den Ton „A". Dieser befindet sich am 5. Bund. Die Grundstellung muss mit dem Zeigefinger beginnend am 5. Bund eingenommen werden.

Vorgabe ist die Tonart **D-Moll**:

Suche mit dem <u>**Zeigefinger**</u> **auf der tiefen E-Saite** den Ton „D". Dieser befindet sich am 10. Bund. Die Grundstellung muss mit dem Zeigefinger beginnend am 10. Bund eingenommen werden.

Regel 2

Dur - Grundton
(vierter Finger)

Zum Solieren über einen Song in einer **DUR** Tonalität suchst du mit dem **KLEINEN FINGER auf der tiefen E-Saite** den Grundton. Wenn du diesen auf den Punkt des Grundtones in Dur legst, ergibt sich die Position der restlichen Finger und du hast die passende Position gefunden.

Beispiele:

Der Song, über den du solieren möchtest, steht in **C-Dur**:

Suche mit dem **kleinen Finger auf der tiefen E-Saite** den Ton „C". Dieser befindet sich am 8. Bund. Die Grundstellung muss mit dem kleinen Finger beginnend am 8. Bund eingenommen werden. Der Zeigefinger kommt somit am 5. Bund zu liegen. Dies entspricht auch der Tonart A Moll. A-Moll und C-Dur sind paralleleTonarten, sie verwenden die gleichen Noten und Vorzeichen, daher muss auch die gleiche Position am Griffbrett verwendet werden.

Vorgabe ist die Tonart **A-Dur**:

Suche mit dem **kleinen Finger auf der tiefen E-Saite** den Ton „A". Dieser befindet sich am 5. Bund. Die Grundstellung muss mit dem kleinen Finger beginnend am 5. Bund eingenommen werden.

Anmerkung: Der Zeigefinger fällt dadurch auf den 2. Bund. Hier befindet sich die Note F#, das entspricht also gleichzeitig der Tonart F# Moll. Somit kannst du auch ohne musiktheoretischen Hintergrundwissen auf Anhieb sagen, dass F# Moll und A-Dur parallele Tonarten sind, sie verwenden die gleichen Vorzeichen und Noten. Dies erfordert das gleiche Griffbild.

Übung 2

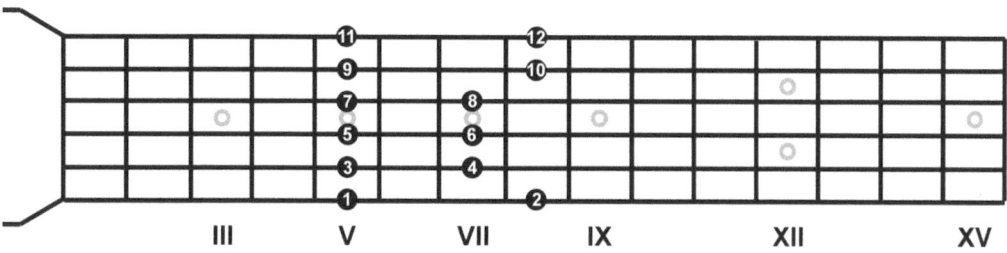

Hier siehst du noch einmal das Griffbild der Grundstellung. Diesmal sind nicht die Grundtöne eingezeichnet, statt dessen habe ich die Töne numme-riert. Die Ziffern beginnen mit dem tiefsten Ton und enden mit dem höchsten Ton. Damit kannst du die Pentatonik sehr gut in kleinen, sich ständig wie-derholenden Sequenzen üben. Das ist sehr viel praktikabler, als die Tonleiter nur auf und ab zu spielen.

Übung 2 besteht aus der Abfolge: 1-2-3, 2-3-4, 3-4-5, 4-5-6 etc.

Spiele diese Übung auch vom höchsten bis zum tiefsten Ton. Die Gruppie-rung lautet dann: 12-11-10, 11-10-9, 10-9-8 etc...

Legato

Mit dem Ausdruck Legato bezeichnet man eine Spieltechnik, bei der die Anschläge durch Hammer ons und Pull offs ersetzt werden.

Übung 3

Ein Pattern mit Hammer on Technik. Mit dieser Spielweise wird der Klang weicher, weil sehr viele Anschlaggeräusche entfallen. Außerdem wird die Anschlaghand entlastet.

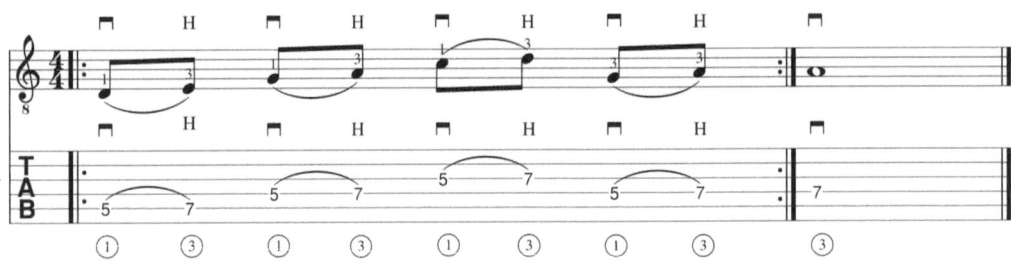

Übung 4

Hier eine etwas längere Sequenz, ebenfalls mit der Hammer on Technik.

Achte beim Spielen darauf, dass keine Nebengeräusche entstehen. Dies wird durch sauberes Aufsetzen der Finger auf den Saiten erreicht.

Übung 5

Übung 5 ist das Gegenstück zu den vorangegangen Übungen. Es kommt die Pull off Technik (Abziehen) zum Einsatz. Bei dieser Technik müssen zwei Finger gleichzeitig aufgesetzt werden, das ist anfangs etwas schwieriger zu lösen. bringt aber der Anschlaghand wiederum Entlastung und die gespielte Linie bekommt einen sehr flüssigen Klang.

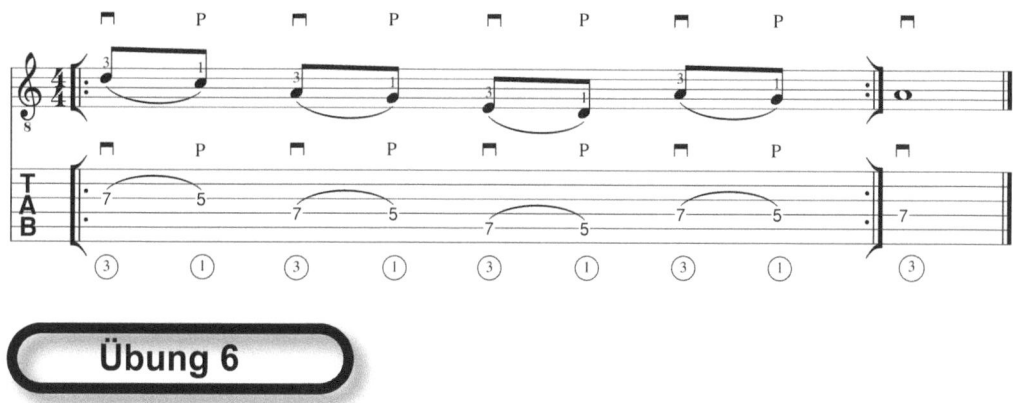

Übung 6

Auch Übung 6 beinhaltet Pull offs.

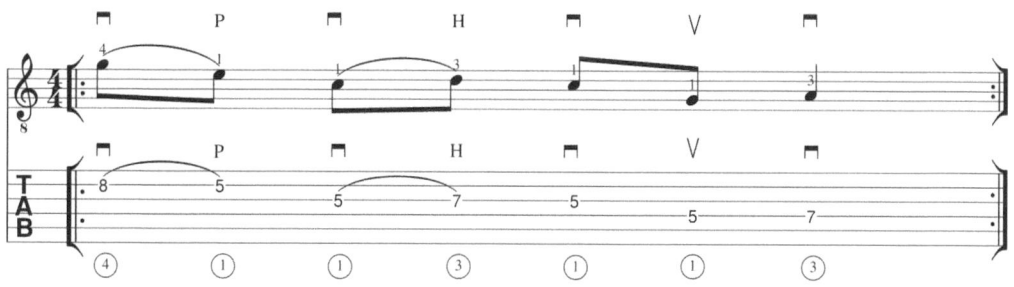

Beachte bitte bei dieser Übung die Abfolge zwischen der zweiten und dritten Note:

Beide Töne müssen mit dem ersten Finger gespielt werden. Da ein Nachgreifen von einer Saite zur nächsten Saite zeitlich nicht möglich ist, können solche Passagen nur mittels einer „Abrolltechnik" des Zeigefingers gelöst werden. Das bedeutet, dass der Zeigefinger flach über zwei Saiten gelegt wird und im Spielfluss mittels einer „rollenden" Bewegung so bewegt werden muss, so dass immer nur ein Ton klingen kann, um einen sauberen Klang zu gewährleisten.

Gerade beim verzerrten Spielen entsteht sonst durch eine eventuell ungünstige Mischung von Obertönen zweier gleichzeitig klingender Töne ein sehr undifferenziertes Klangbild.

Eine weitere Übung mit der Pull off Technik.

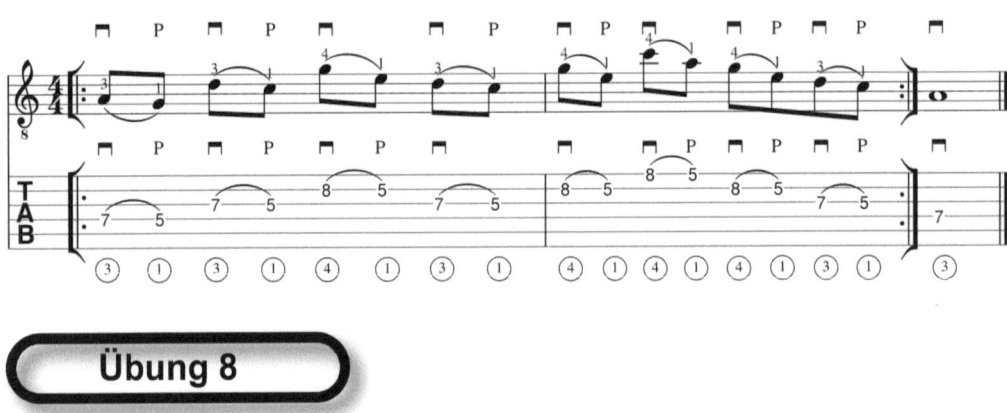

Übung 8

Übung 8 beinhaltet eine Kombination aus Pull offs und Hammer ons.

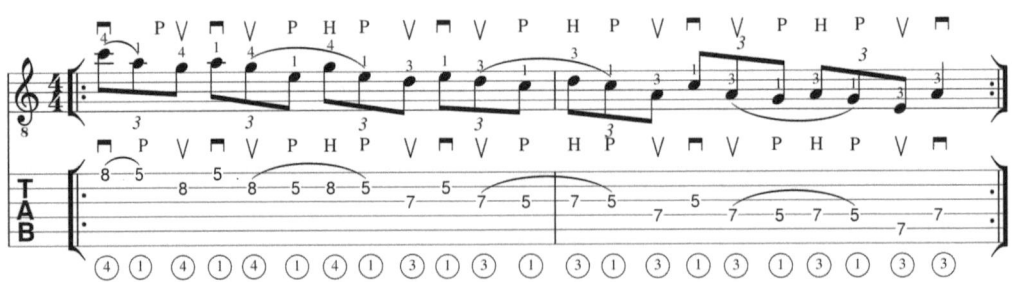

Bending

Viele pentatonische Phrasen und Licks klingen in Kombination mit Saiten-
ziehen (String bending) besonders gut.
Dabei wird die Saite wahlweise nach innen zur Griffbrettmitte oder nach
außen zum Griffbrettrand gezogen. Dafür gibt es keine feste Regel. Bei Bendings an den Außensaiten hast du nur
die Möglichkeit zur Griffbrettmitte zu
ziehen. Andernfalls würdest du mit der
Saite über den Rand des Griffbrettes
rutschen.

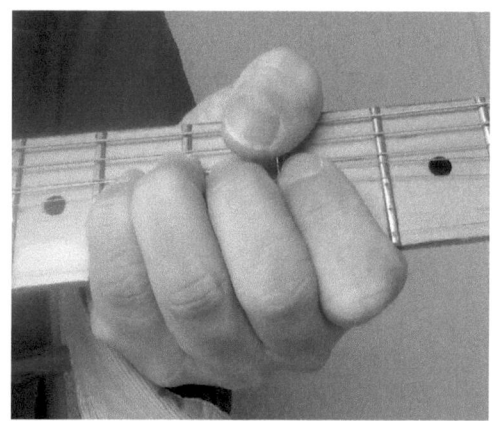

Das Ziehen benötigt etwas Kraft, es
ist leichter, wenn du deinen Daumen
dabei über die Griffbrettkante legst
und und mit diesem Gegendruck aus-
übst.

Um zusätzliche Kraft zu erlangen,
setze bei Bendings mit dem Mittelfinger immer auch den Zeigefinger mit auf
die Saite und lasse ihn beim Ziehen helfen. Dadurch erreichst du leichter
die erforderliche Tonhöhe. Wenn mit dem Ringfinger gezogen werden muss,
hilf diesem mit dem Zeige- und Mittelfinger und setze drei Finger gleichzeitig
auf. Der kleine Finger ist zumeist der schwächste Finger. Wenn du für Bendings mit dem kleinen Finger alle vier Finger der Greifhand aufsetzt und mit
diesen gemeinsam ziehst, geht es leichter. Dabei dürfen die Finger auch
etwas zusammenrücken.

Es ist wichtig, dass du immer weißt, zu welchem Ton du hinziehen möchtest.
Um die exakte Tonhöhe deines Zieltons zu hören, schlage zuerst die Note
an, die du klingen lassen willst. Wenn diese Note zum Beispiel einen Ganzton von deinem Bending-Startpunkt entfernt liegt, so greife auf dieser Saite
zuerst zwei Bünde höher, schlage diese an und versuche, den nun hörbaren
Ton in deinem Gedächtnis zu behalten. Dann greife wieder zwei Bünde tiefer
und ziehe zu diesem Zielton hin.

Siehe dir die Übung 9 an.

Übung 9

Der vorgegebene Zielton ist die Note „e". Diese wird zuerst am neunten Bund auf der G- Saite gegriffen und du kannst dir die Note anhören. Rücke anschließend mit dem dritten Finger auf dem siebenten Bund (also in die Grundstellung der Pentatonik) und ziehe die G- Saite mit dem dritten Finger nun so weit, bis der Ton die selbe Tonhöhe hat wie zuvor.

Das Wort „full" (übersetzt: „ganz") in der Notation bedeutet, dass die Note einen Ganzton höher gezogen werden soll.

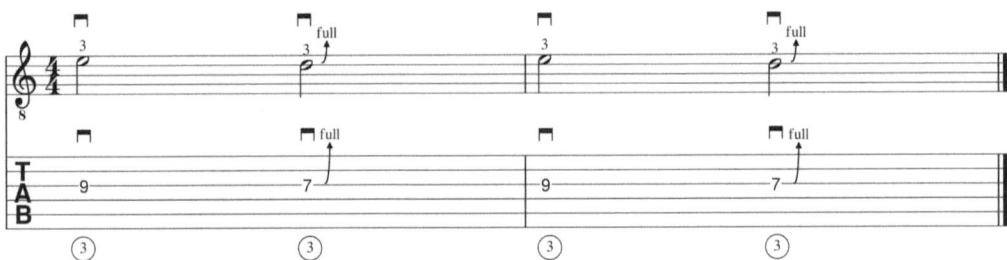

Übung 10

Übung 10 funktioniert nach dem gleichen Prinzip, diesmal musst du jedoch mit dem kleinen Finger ziehen. Setze dazu alle vier Finger auf die B- Saite.

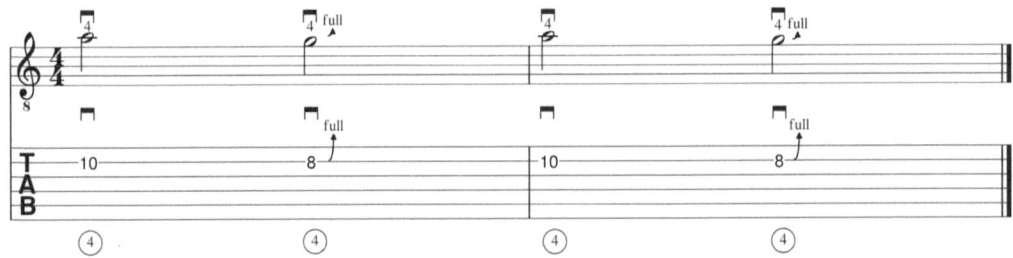

Eine exakte Aufstellung über die vorhandenen Möglichkeiten von Bendings in der Pentatonik und deren klangliche Effekte findest du übrigens im „Pentatonik Workbook".

Übung 11

Diesmal wird das Bending im Kontext der pentatonischen Grundstellung verwendet. Die ersten beiden Takte geben dir vor, wie die Melodielinie klingen
soll. In den folgenden beiden Takten musst du diese Linie noch einmal spielen, jedoch diesmal mit einem Bending. Achte dabei darauf, dass du die Tonhöhe genau triffst!

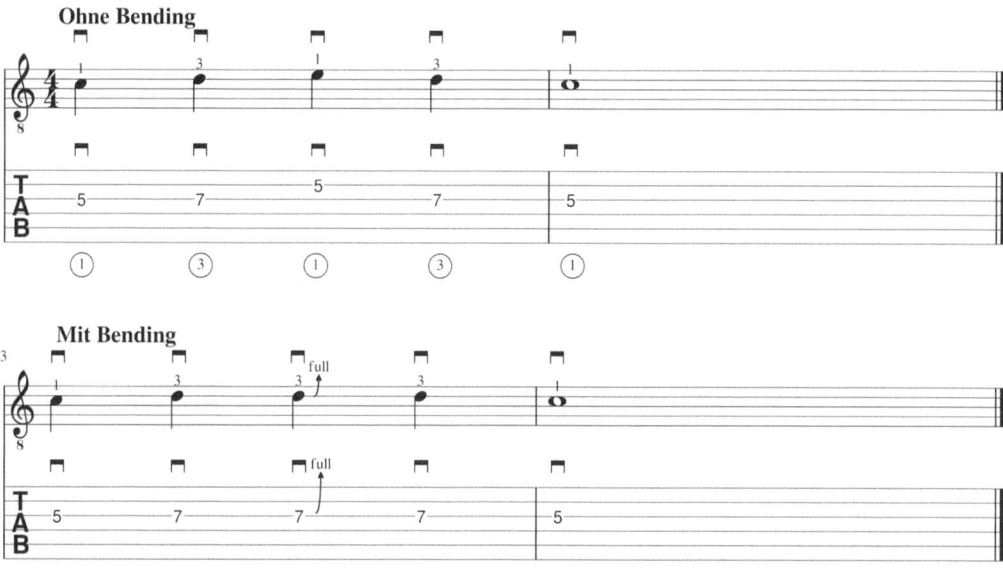

Jeff Beck ist ein aus der USA stammender Gitarrist
und gilt als ein Großmeister der Bending Technik.

Übung 12

Übung 12 ist schon etwas kniffliger. Die ersten beiden Takte geben wieder die Melodielinie vor.

Übung 13

Bei dieser Übung wird ein „Release- Bend" verwendet. Das betrifft die zweite Note, diese wird nicht angeschlagen sondern klingt nur durch das Entspannen des dritten Fingers. Der Kontakt mit dem Griffbrett muss dabei bestehen bleiben, da die Note sonst nicht hörbar ist.

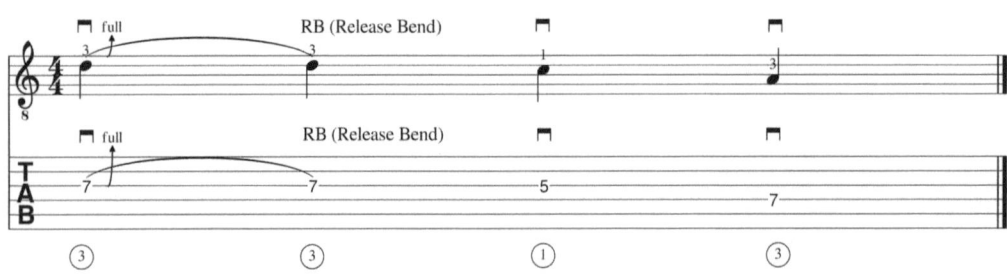

Eine weitere Bending- Möglichkeit ist das Ghost- oder Pre- Bending. Dabei musst du die Saite ziehen, bevor du sie anschlägst. Die Schwierigkeit besteht darin, die Tonhöhe zu treffen, ohne den Ton vorher zu hören. Achte also auf die Tonhöhe der ersten Note.

Zu Übungszwecken und zur Selbstkontrolle kannst du dir den Ton wie in Übung 9 beschrieben zuerst anhören. Der zweite Ton soll wieder mit einem Release- Bend gelöst werden, er darf also nicht angeschlagen werden..

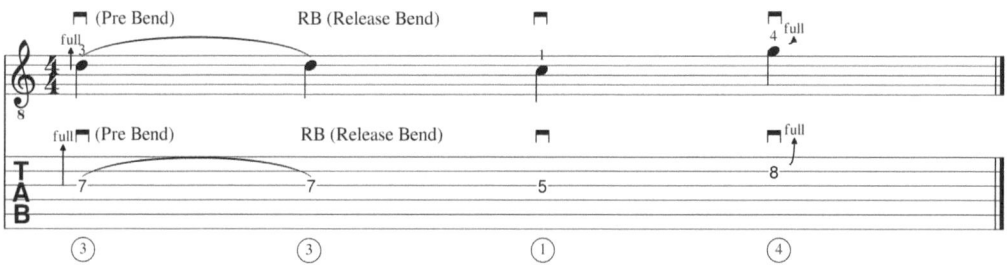

Ein Bending - Lick, das sehr oft verwendet wird.

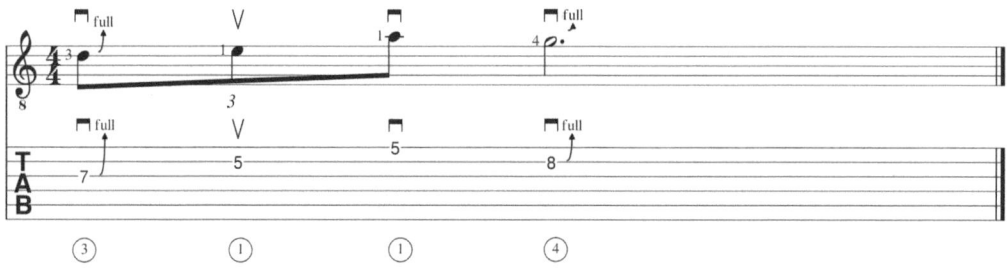

Übung 16

Übung 16 ist eine Kombination aus Hammer ons, Pull offs und Bending. Das ist nicht so einfach zu lösen, klingt dafür aber gut!

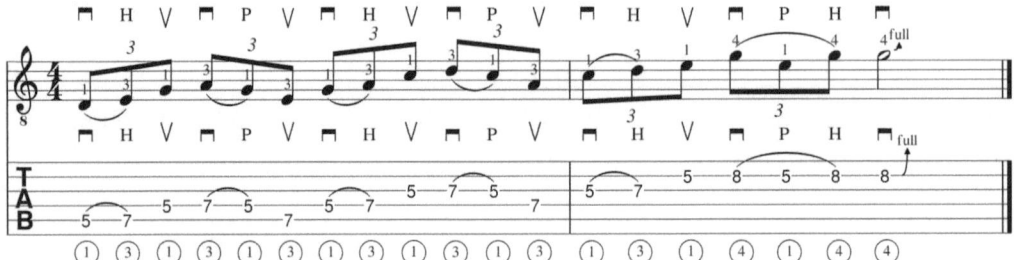

Übung 17

Diese Bendings werden von sehr vielen Gitarristen verwendet.

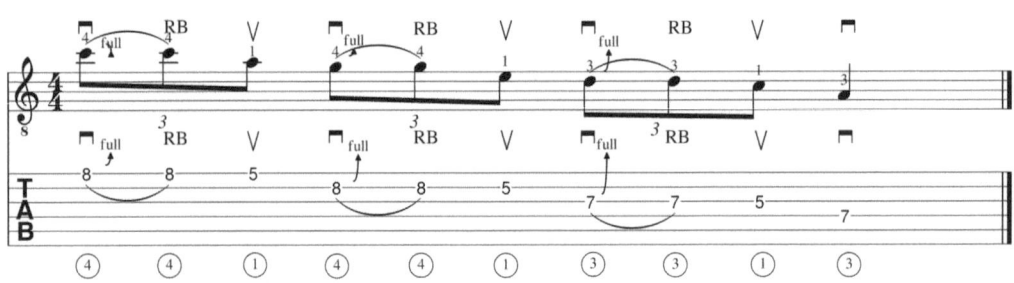

Übung 18

Zur Abwechslung findest du hier ein Bending mit dem Zeigefinger.

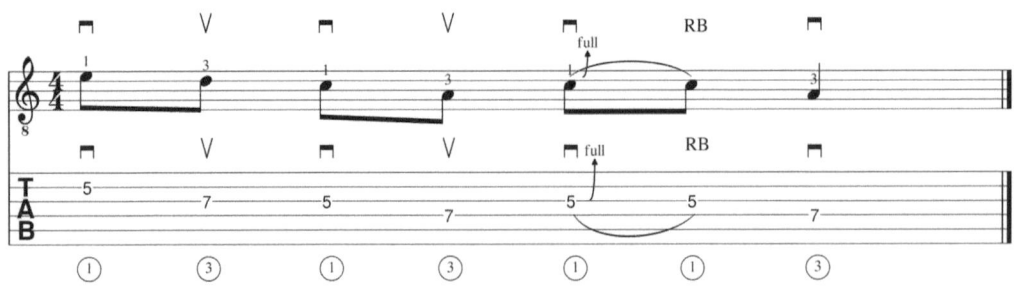

Übung 19   Ein Übungssong mit Hammer ons.

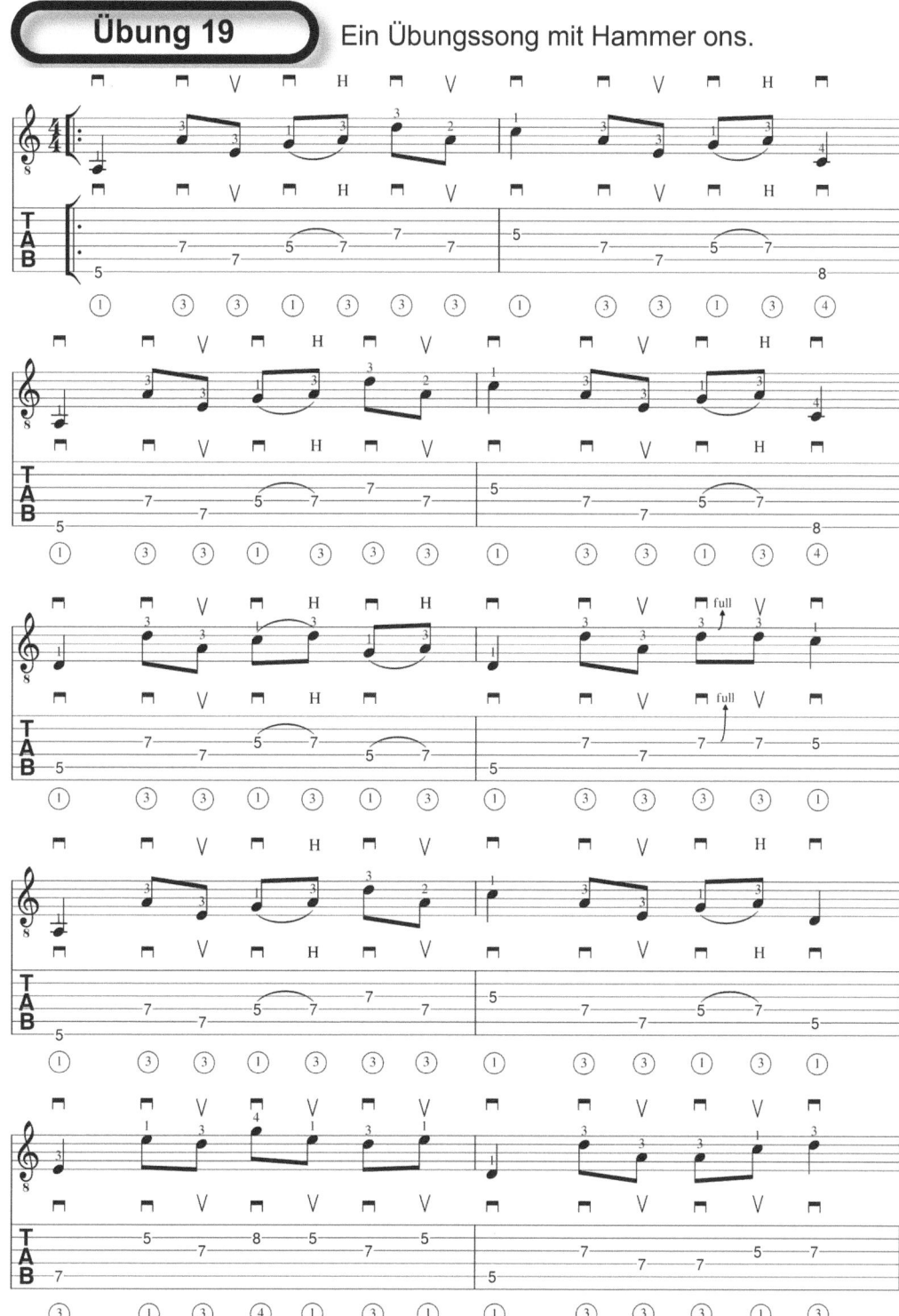

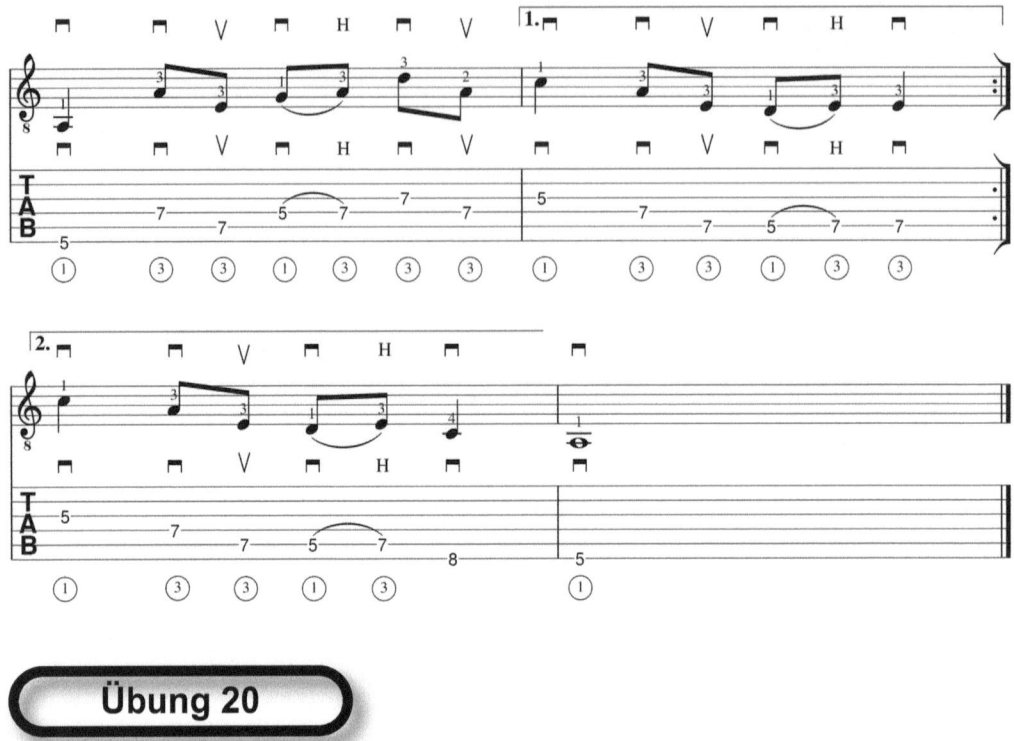

Übung 20

Wenn man keinen Übungspartner oder auch kein Playback zur Verfügung hat, kann man trotzdem auf kreative Art und Weise die Pentatonik üben. Alle zwei Takte wird der Grundton (in diesem Fall der Ton „A") auf der ersten Zählzeit des ersten Taktes angeschlagen. Der Rest der beiden Takte steht dir zur Verfügung, um diese mit deinen pentatonischen Ideen zu füllen. Dabei kannst du versuchen, deiner Kreativität freien Lauf zu lassen. Das stärkt unter anderem auch dein Formbewusstsein und du lernst, wieviel man in einem gewissen Zeitraum spielen kann. Wichtig ist dass du, sobald die beiden Takte vorbei sind, auf der ersten Zählzeit wieder die Note „A" spielst. Dadurch lernst du, die Taktlängen abzuschätzen.

Wenn du nicht weißt, was du spielen sollst kannst du ja versuchen, die Pausen mit ein paar Übungen oder kleinen Licks, die du mit Hilfe dieses Buches bereits erarbeitet hast, zu füllen.

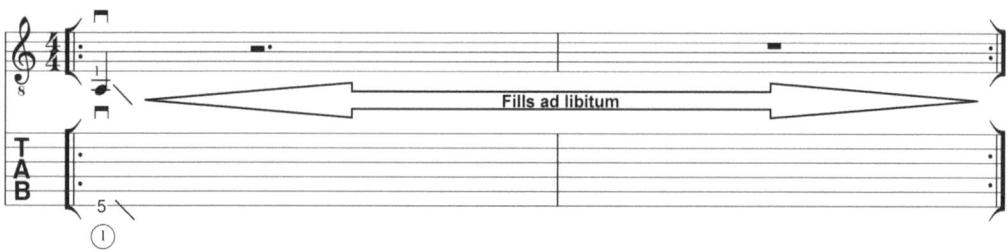

Um das Tempo kontrollieren zu können, ist ein Metronom (oder eine Handy-Metronom App), Drumcomputer, Musiksoftware oder sonstiges von Vorteil. Du findest auch auf YouTube eine Menge Drumtracks für Übungszwecke. Falls du keine technischen Geräte zur Verfügung hast, so ist es auch kein Problem, sofern du kreativ bist. Ich selbst habe einige Zeit mit dem Ticken meiner Küchenuhr geübt.

Soweit die Übungen zur Grundstellung der Pentatonik. Versuche auch, einige (oder gar alle) der bisherigen Beispiele auch in andere Tonarten zu übertragen und die Grundstellung an anderen Positionen des Griffbrettes zu spielen!

Mit der Grundstellung kannst du nur einen kleinen Abschnitt des Griffbrettes abdecken. Im folgenden Kapitel wird dieser Abschnitt erweitert, um die Möglichkeiten zu vergrößern.

Kapitel

2

Die erste Umkehrung

Die erste Umkehrung

Im ersten Kapitel hast du nun erfahren, dass die pentatonische Tonleiter aus fünf Tönen besteht, im Falle unserer Übungsbasis aus den folgenden Noten:

A - C - D - E - G

Man kann diese fünf Töne auch in anderer Abfolge auf einander schichten. Dazu okatavieren wirl den tiefsten Ton (A) und setzen diesen an das andere Ende der Tonreihe:

A - C - D - E - G - A

Dadurch ergibt sich nun eine neue Abfolge:

C - D - E - G - A

Diese Umschichtung nennt man Umkehrung. Das Klangbild dieser Abfolge bleibt gleich, denn die Quelle der Töne ist ja nach wie vor die Pentatonik. Die Tonleiter wird durch diese Verschiebung in der Tonhöhe nach oben ausgeweitet und auch das Griffbild dieser neuen Position befindet sich somit in einer höheren Lage.

Die folgende Grafik zeigt das Griffbild der ersten Umkehrung der Pentatonik. Der Startpunkt der ersten Umkehrung (tiefe E-Saite 8. Bund) ist gleichzeitig der Endpunkt der Grundstellung, da es sich die selbe Note ist.

Übung 21

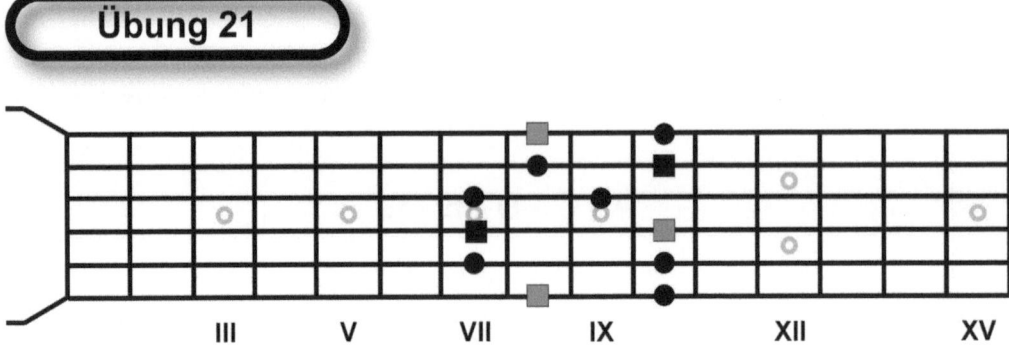

Wieder findest du folgende Orientierungsmarken:

■ = Grundton in Moll (in diesem Fall A, somit ergibt das: A-Moll)

■ = Grundton in Dur (in diesem Fall C, also C-Dur)

So sieht das dazugehörige Notenbild aus - den optimalen Fingersatz findest du in der Tabulatur:

Um die erste Umkehrung richtig einsetzen zu können, musst du folgende Regeln beachten:

Regel 1

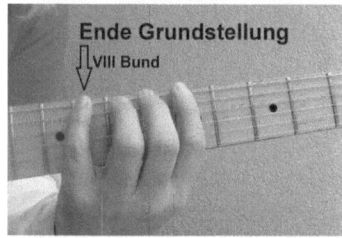

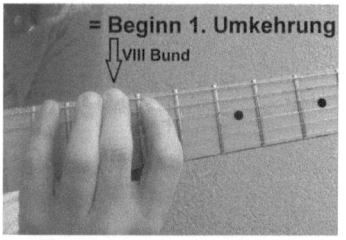

Zum Improvisieren zu einem Stück in einer **MOLL** Tonart suchst du mit dem **ZEIGEFINGER auf der tiefen E-Saite** den Grundton. Du befindest dich somit in der **Grundstellung.** An dem Punkt, der in der Grundstellung auf der tiefen E-Saite mit dem kleinen Finger besetzt wird, setzt du deinen Mittelfinger auf und schon hast du die passende Position eingenommen.

Beispiele:

Der Song, über den du solieren möchtest ist in **A-Moll**:

Suche mit dem **Zeigefinger auf der tiefen E-Saite** den Ton „A". Dieser befindet sich am 5. Bund. Die Grundstellung muss mit dem Zeigefinger beginnend am 5. Bund eingenommen werden. Der kleine Finger fällt auf der tiefen E- Saite am 8. Bund. Setze an diesem Punkt nun den **Mittelfinger** auf. Die erste Umkehrung beginnt somit auf der tiefen E- Saite am 8. Bund mit dem zweiten Finger.

Vorgabe ist die Tonart **D-Moll**:

Suche mit dem **Zeigefinger auf der tiefen E-Saite** den Ton „D". Dieser befindet sich am 10. Bund. Die Grundstellung muss mit dem Zeigefinger beginnend am 10. Bund eingenommen werden, der kleine Finger fällt in dieser Position auf den 13. Bund. Nun setzt du am 13. Bund den **zweiten Finger** auf und hast den richtigen Startpunkt für die erste Umkehrung gefunden.

Regel 2

Das Finden der ersten Umkehrung einer Dur- Tonart:

Suche mit dem kleinen Finger auf der tiefen E-Saite den Grundton. Du findest hier die passende Position der Grundstellung. Setze an diesem Punkt nun den **Mittelfinger** auf und du befindest dich am Startpunkt der ersten Umkehrung.

Beispiele:

Der Song, über den du solieren möchtest steht in **C-Dur**:

Suche mit dem kleinen Finger auf der tiefen E-Saite den Ton „C". Dieser befindet sich am 8. Bund. Die Grundstellung muss also mit dem kleinen Finger beginnend am 8. Bund auf der tiefen E- Saite eingenommen werden. Tausche nun den kleinen Finger gegen den Mittelfinger aus und du hast den Startpunkt für die erste Umkehrung.
Die erste Umkehrung für ein Stück in C- Dur beginnt am 8. Bund auf der tiefen E- Saite.

Vorgabe ist die Tonart **A-Dur**:

Suche mit dem kleinen Finger auf der tiefen E-Saite den Ton „A". Dieser befindet sich am 5. Bund. Die Grundstellung muss mit dem kleinen Finger beginnend am 5. Bund eingenommen werden. Tausche nun den kleinen Finger gegen den Mittelfinger aus und du hast den Startpunkt für die erste Umkehrung.
Die erste Umkehrung für ein Stück in A- Dur beginnt am 5. Bund auf der tiefen E- Saite.

Übung 22

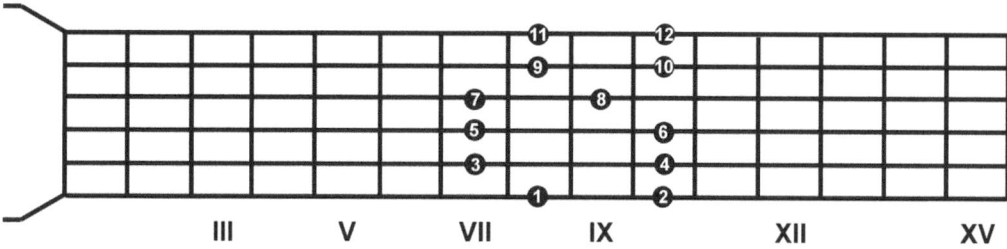

Hier siehst du abermals das Griffbild der ersten Umkehrung, diesmal wieder mit der bereits bekannten Bezifferung. Die Ziffern beginnen mit dem tiefsten Ton und enden mit dem höchsten Ton.

Übung 22 ist eine Sequenzfolge: 1-2-3-4, 2-3-4-5, 3-4-5-6, 4-5-6-7 etc.

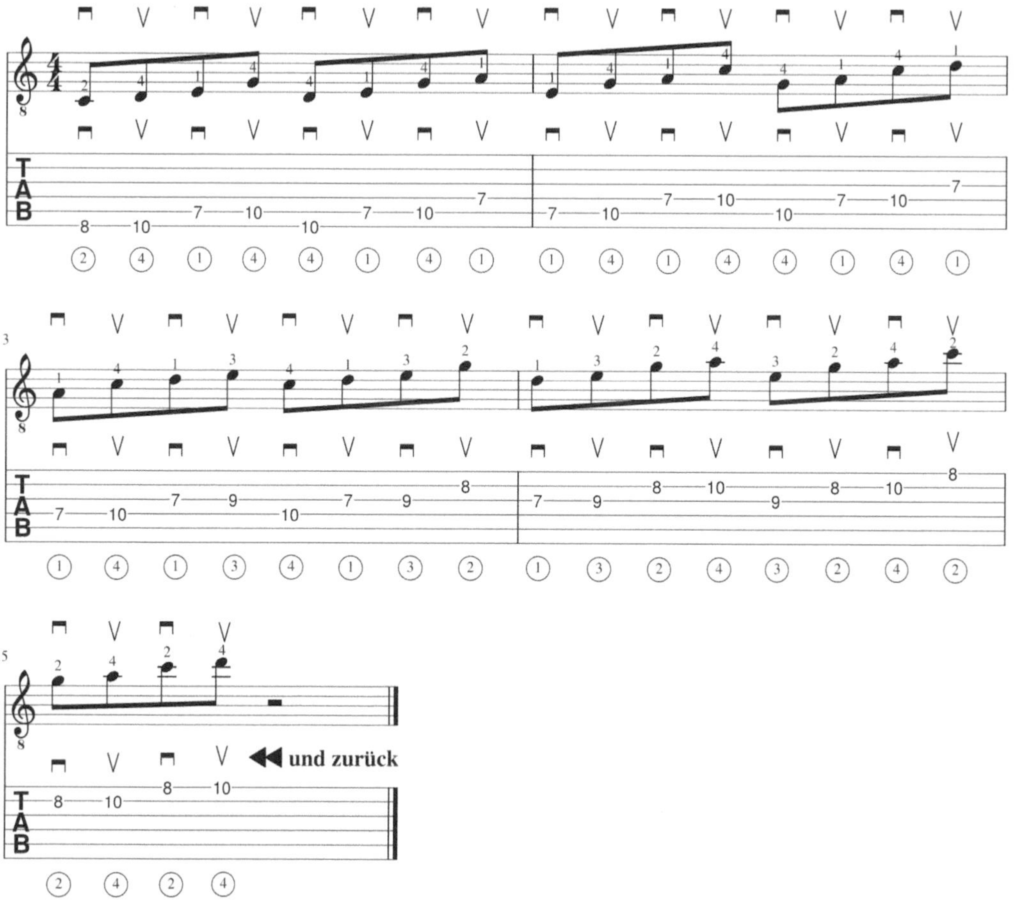

Übung 23

Ein Pattern mit „Three- Steps"aus dem Pentatonic Workbook. Der zweite Finger soll dabei ein kleines Barré über die hohe E- und die B- Saite machen.

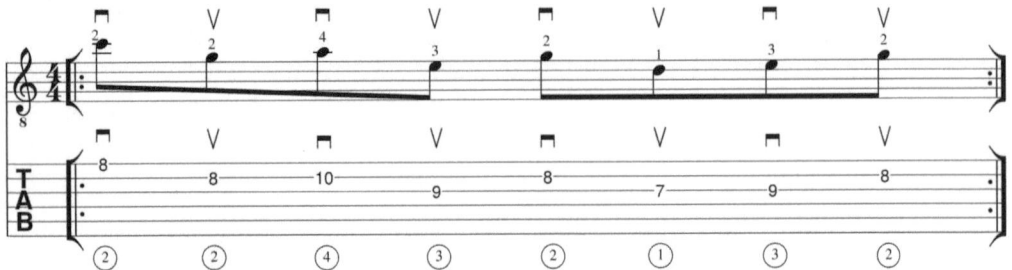

Übung 24

Ein Beispiel mit Legato Technik. Der erste Takt beinhaltet ein sich wieder-holendes Motiv, das aus vier Noten besteht.

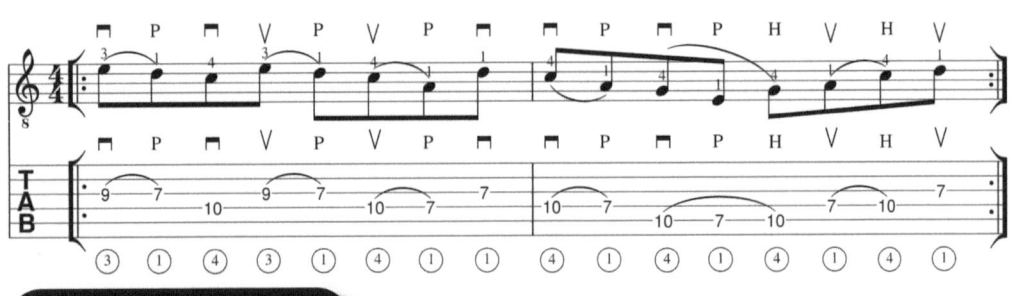

Übung 25

Ein Lick mit Slides im Stil von Eric Clapton.

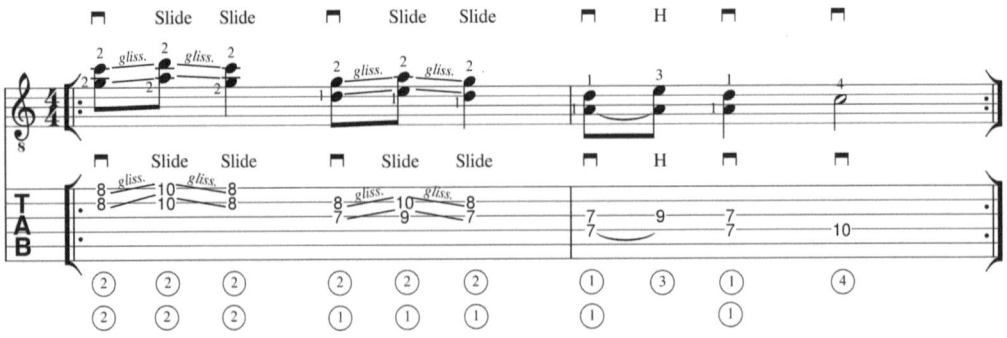

Die Bezeichnung „Sm" steht für Small Bend bzw. Smear Bend. Dieses Bending bewegt sich im Bereich eines Vierteltones und dient dazu, dem Ton etwas mehr Farbe und Ausdruck zu geben.

Übung 27

Am Beginn dieses Licks ist eine Vorschlagnote. Diese klingt so kurz, dass sie keinen regulären Notenwert zugewiesen bekommt. Du greifst mit dem Zeigefinger auf der G- Saite am siebenten Bund und gleichzeitig mit dem Mittelfinger auf der B- Saite am achten Bund, schlägst die Notengruppe an und machst mit dem Ringfinger sofort ein Hammer on auf der G- Saite am neunten Bund.

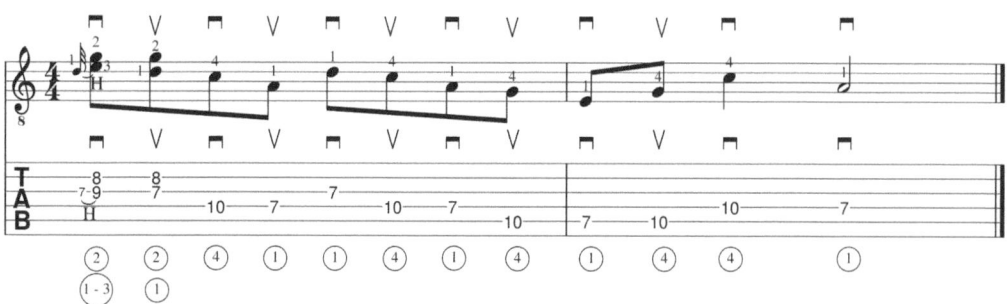

Vibrato

Vibrato ist ein ausdrucksstarkes Werkzeug, um den Charakter oder die Stimmung einer Note zum Ausdruck zu bringen. Auch wenn es vom Zuhörer zumeist nicht bewusst wahrgenommen wird, so ist es doch maßgeblich am Klang des Spieles beteiligt.

Mit verschiedenen Vibratotechniken, Geschwindigkeiten oder Amplituden kannst du den Charakter der Musik besonders zur Geltung bringen und deinem Spiel einen lebendigen Ton verleihen.

Je nach Musikstil werden verschiedene Vibratotechniken eingesetzt.

Übung 28

Das „klassische" Vibrato. Dabei bewegt sich der ausführende Finger in horizontaler Richtung und erzeugt damit einen sehr weichen Ton. Diese Technik wird gerne auf Streichinstrumenten (Violine, Cello etc.) eingesetzt, klingt aber auch mit der Gitarre gut. Es kommt dabei nicht auf die Geschwindigkeit des Vibratos an, achte vielmehr auf die Qualität des Klanges.

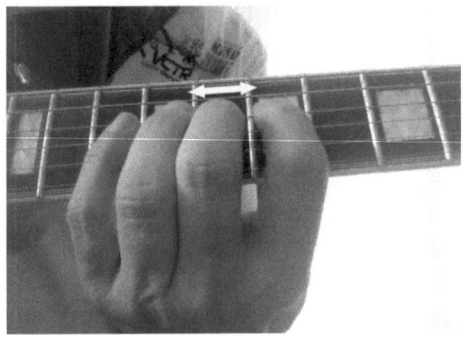

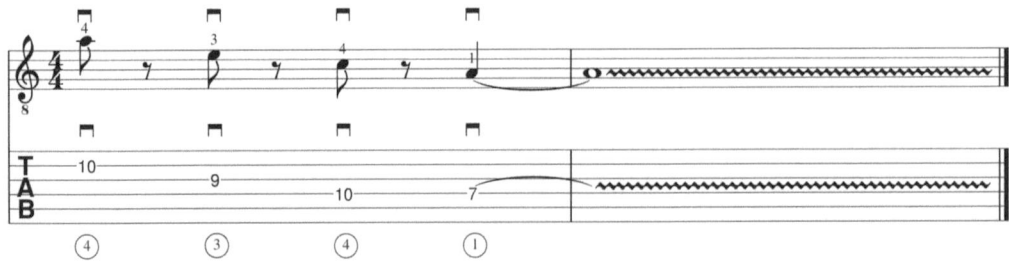

Übung 29

Das „Rock" Vibrato. Im Gegensatz zur vorangegangenen Übung musst du beim Rockvibrato deinen Finger in vertikaler Richtung bewegen. Bevor du zu vibrieren beginnst, lass den Ton zuerst unbewegt, damit der Zuhörer die Tonhöhe zuordnen kann. Das machen auch gute Sänger, wenn diese lange Töne präsentieren.

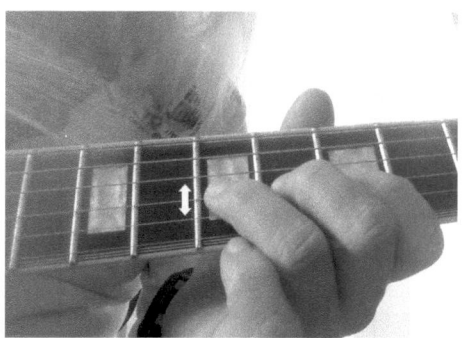

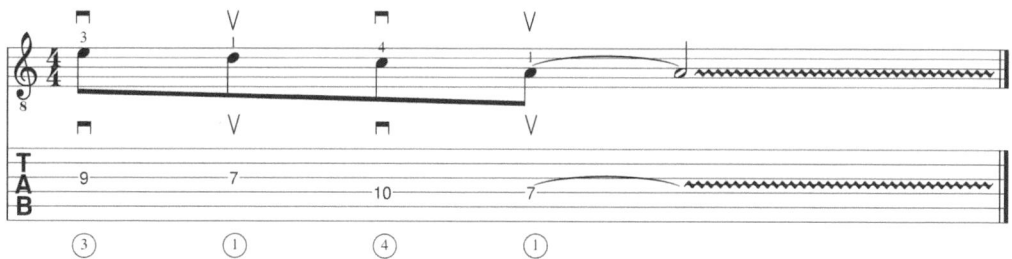

Übung 30

Das „Circle" Vibrato. Dabei bewegst du den ausführenden Finger so, als würdest du versuchen, damit einen kleinen Kreis am Griffbrett zeichen. Dadurch entsteht ein warmer Ton, der fast so klingt, als wäre er mit einem Chorus- Effekt veredelt.
Diese Technik eignet sich ganz besonders für Balladen.

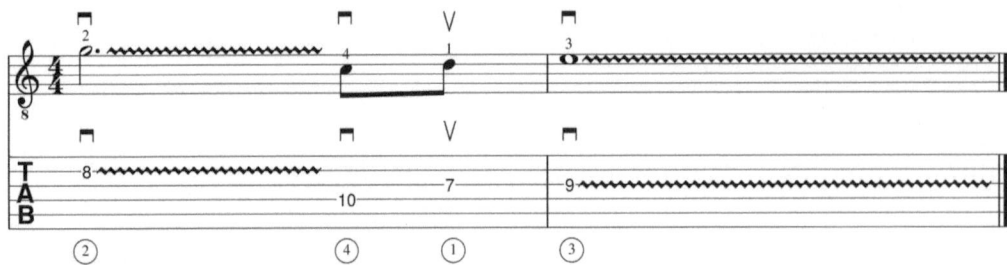

Übung 31

Schwieriger ist es, wenn du während eines Bendings vibrieren möchtest. Auch dabei ist es wieder wichtig, zuerst den Ton ohne Vibrato für einen Moment klingen zu lassen, damit sich das Ohr auf die Tonhöhe des Zieltones einstellen kann.

Durch leichtes Entspannen und anschließendes Anspannen der Fingermuskeln kannst du ein Vibrato erreichen. Der Ton sollte unbedingt mit der Zieltonhöhe wieder abgeschlossen werden.

Die Geschwindigkeit des Vibratos ist nicht entscheidend - in den meisten Fällen klingt es besser, wenn du nicht zu schnell zu vibrierst.

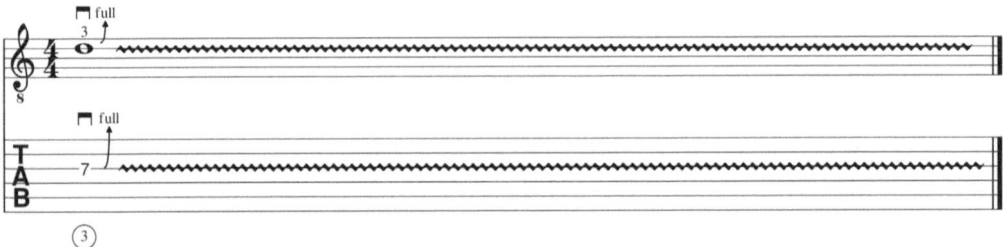

Probiere diese Übung sowie auch die anderen Vibrationstechniken unbedingt mit allen anderen Fingern deiner Greifhand aus!

Positionen verbinden

Um die Pentatonik sinnvoll und effizient einsetzen zu können, ist es wichtig dass du lernst, wie man die einzelnen Positionen miteinander verbinden kann. Dadurch wirst du dich eines Tages frei über das Griffbrett bewegen können. Technische Übungen dazu findest du im Pentatonik Workbook.

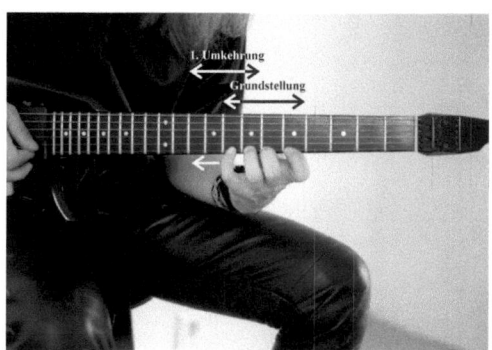

Bei den folgenden Licks und Übungen wird nun die Grundstellung mit der ersten Umkehrung verbunden.

Versuche zu erkennen, wo und wie genau diese Verbindungen stattfinden und achte dabei genau auf die angegebenen Fingersätze!

Wenn du die folgenden Licks gut übst, kannst du diese (auch in Fragmenten) immer wieder in deinen eigenen Solis verwenden.

Übung 32

Hier ist ein Lick in C- Dur. Es beginnt mit dem Grundton und bewegt sich im ersten Takt durch die Grundstellung. Bei der zweiten Note des zweiten Taktes wird mit dem dritten Finger in die erste Umkehrung gewechselt.

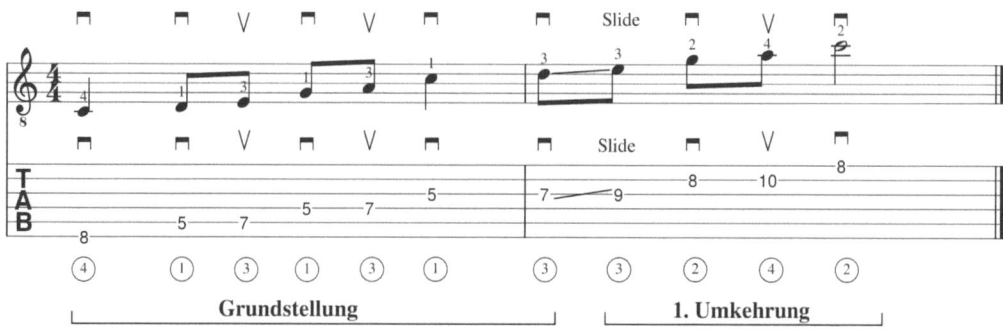

Übung 33

Hier die umgekehrte Situation: Wechsel von der ersten Umkehrung in die Grundstellung.

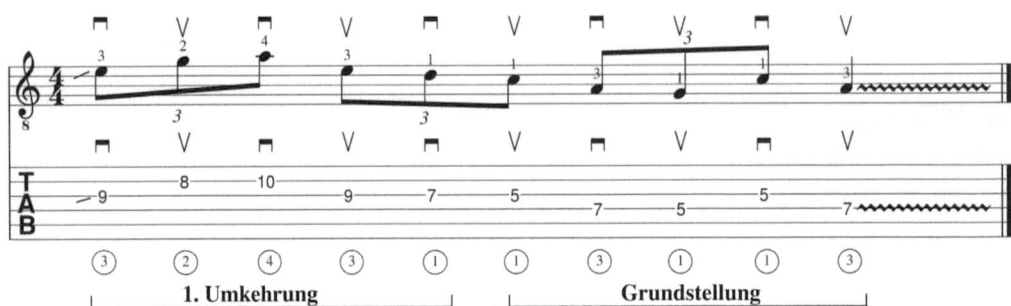

Übung 34

Übung 34 bringt mehrere Wechsel in nur einem Lick.

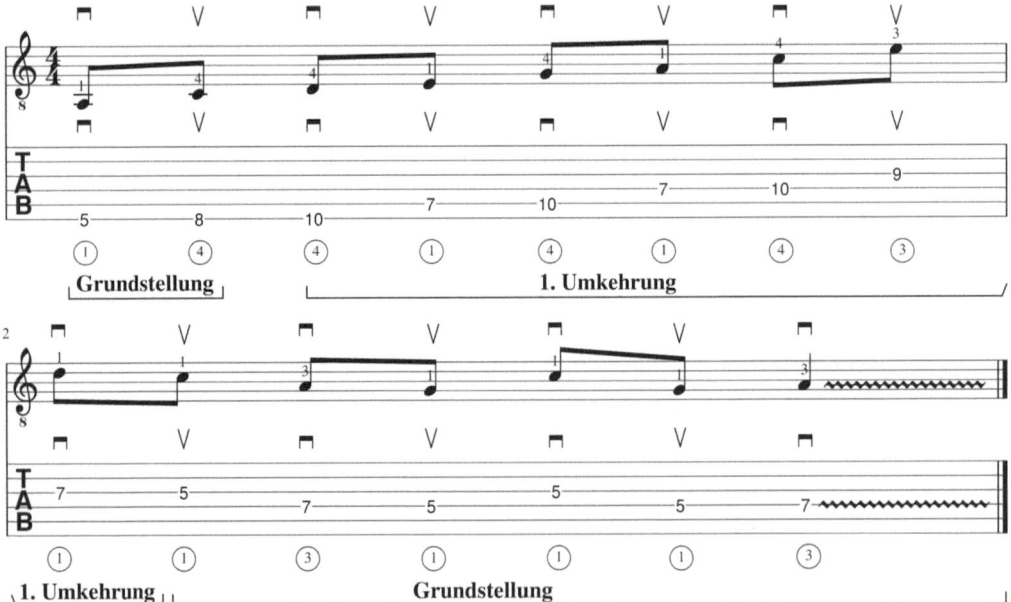

Übung 35

Diese Übung ist schon etwas aufwändiger: Positionswechsel, Hammer on und Vibrato sind hier vereint.

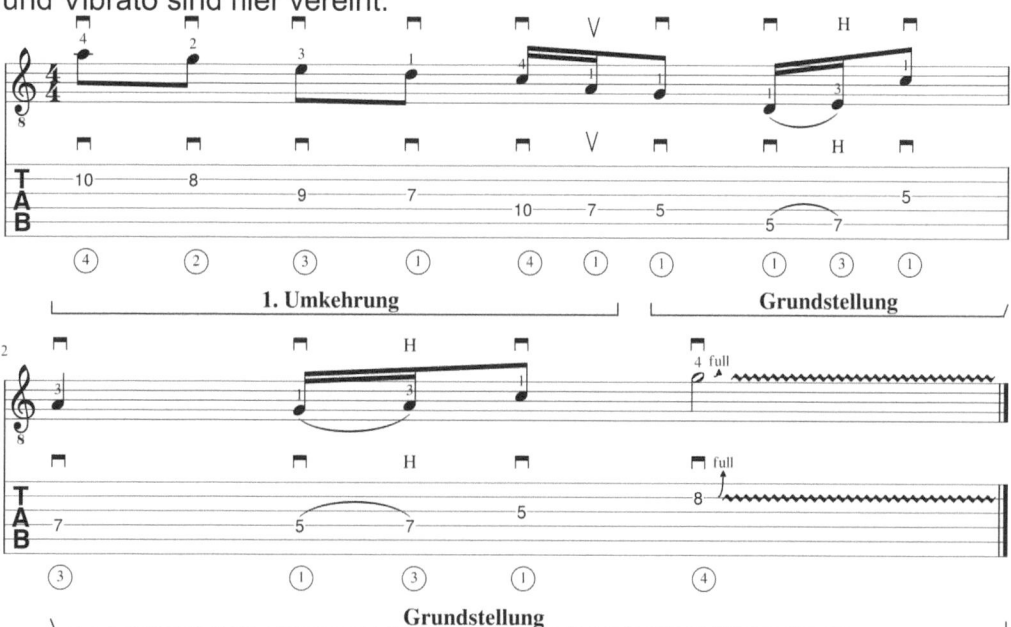

Versuche alle möglichen Verbindungspunkte auszuprobieren. Denke daran, dass du auf jeder Saite einen Positionswechsel sowohl aufwärts als auch abwärts durchführen kannst und sich dadurch grifftechnisch andere Situationen ergeben können.

Wichtig beim Wechsel ist, dass du mit dem Finger wechselst, der in beiden Positionen gemeinsam ist. Dazu ein Beispiel:

Auf der dicken E-Saite benötigst du in der Grundstellung den ersten und vierten Finger. In der ersten Umkehrung benötigst du auf der selben Saite den zweiten und den vierten Finger. In beiden Positionen taucht also der vierte Finger auf - dieser ist somit optimal für eine Verbindung zwischen den Positionen. Dadurch brauchst du beim Verbinden nicht den Finger nicht zu wechseln. Du kannst mittels diesen gemeinsamen Fingers einen grifftechnisch (und auch klanglich) sehr fließenden Übergang erzielen.

Wenn es dir zu mühsam ist, alle Wechsel in Eigenregie auszuloten, schau in das Pentatonik Workbook. Dort findest du alle Möglichkeiten und Situationen exakt ausnotiert!

Pentatonik und Akkordspiel verknüpfen

Um dein Akkordspiel lebendiger zu gestalten, kannst du Akkorde mit der Pentatonik verknüpfen.

An Hand einiger Beispiele kannst du sehen, wie so etwas mit den bisher erarbeiteten Mitteln durchgeführt werden kann. Diese Beipiele kannst du natürlich auch mit deinen eigenen Ideen ergänzen, ausweiten, umbauen oder gänzlich neu kreieren.

Ich setze dabei voraus, dass du einige leichte offene Akkorde beherrscht. VonBarrégriffen habe ich absichtlich abgesehen, um den Schwierigkeitsgrad niedrig zu halten.

Für die folgenden Beispiele habe ich wahllos Akkorde, die zu C-Dur bzw. A-Moll gehören ausgewählt und diese mit der Grundstellung und der ersten Umkehrung der C-Dur/ A-Moll Pentatonik verknüpft.

Um deine eigenen Ideen zu verwirklichen findest du hier eine Aufstellung der sieben Akkorde, die zu C- Dur / A-Moll gehören:

C - Dur (C)
D - Moll (Dm)
E - Moll (Em)
F- Dur (F)
G - Dur (G)
A - Moll (Am)
B (H) halbvermindert (Bm7b5 (englische Bezeichnung) bzw. Hm7b5)

Mit diesen Akkorden kannst du in Verbindung mit der C-Dur / A-Moll Pentatonik experimentieren.

Übung 36

Hier nun das erste Beispiel. Durch die Kombination mit der Pentatonik inklusive Bendings und Hammer ons klingt diese kleine Akkordsequenz wesentlich lebendiger, als würdest du die Akkorde alleine spielen

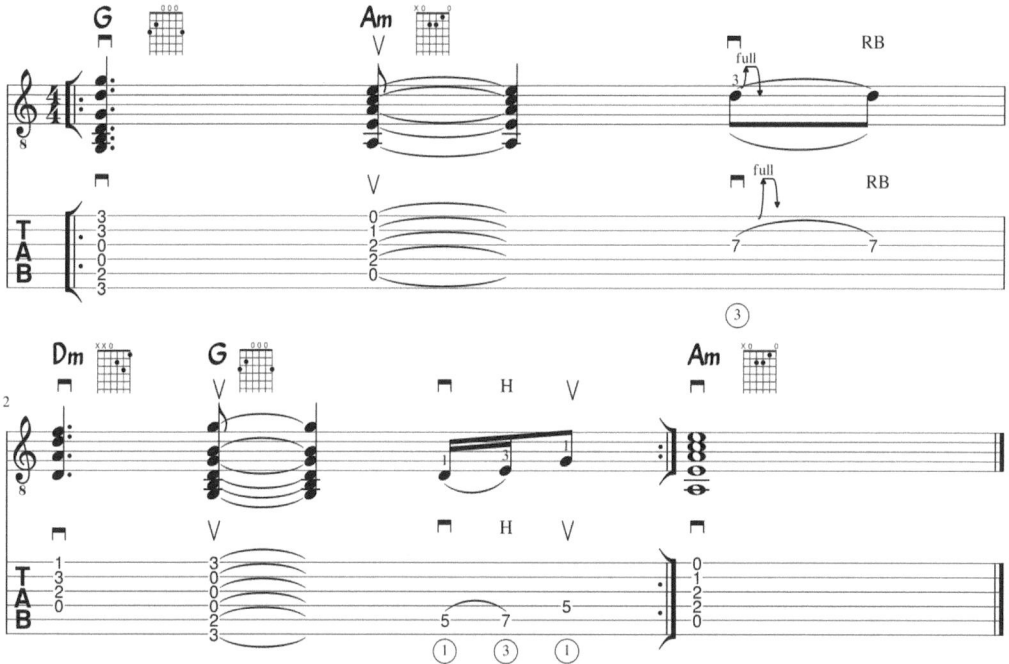

Du kannst alle Akkorde innerhalb der Sequenz durch andere Akkorde aus der C- Dur / A-Moll Reihe austauschen.

Versuche zum Beispiel, den Dm Akkord durch einen F-Dur Akkord zu ersetzen.

Ebenso kannst du natürlich auch die Zwischenläufe umgestalten. Erinnerst du dich noch an die Übung 20 in diesem Buch? Es ist die selbe Herangehensweise, nur nicht mit Einzelnoten sondern mit Akkorden.

Übung 37

Ein Beispiel mit A-Moll als tonalen Zentrum.

Die „Dead Notes" auf der zweiten Zählzeit des ersten Taktes erreichst du durch Abdämpfen der Saiten mit der Greifhand.

Das Slide auf der tiefen E - Saite auf der zweiten Zählzeit im zweiten Takt verfolgt keine bestimmt Tonhöhe, der Startpunkt muss nicht unbedingt der zwölfte Bund sein.

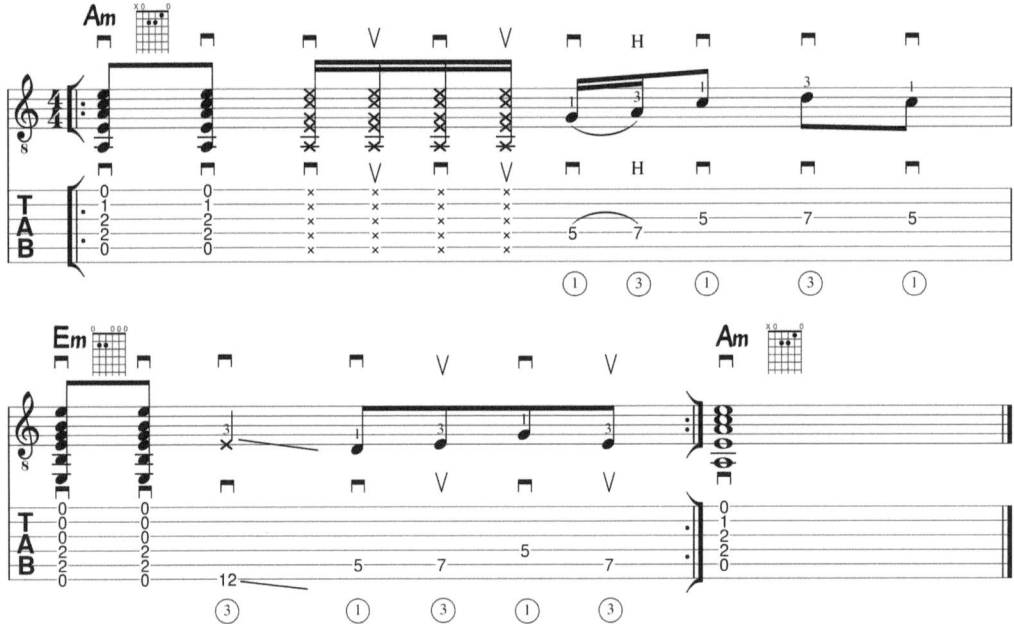

Experimentiere auch mit dieser Übung.
Unzählige Gitarristen haben durch eine solche Herangehensweise interessante Sounds entwickelt. Einige Beispiele sind Jimi Hendrix (z. B.: Little Wing), Steve Vai (Sisters), David Gilmour (Pink Floyd - Wish you were here) oder John Frusciante (Red Hot Chili Peppers - Under the bridge).

Übung 38

Noch ein Beispiel mit Akkorden in Verbindung mit der Pentatonik. Durch die vielen kleinen Verzierungen entsteht ein sehr lebendiges Klangbild.

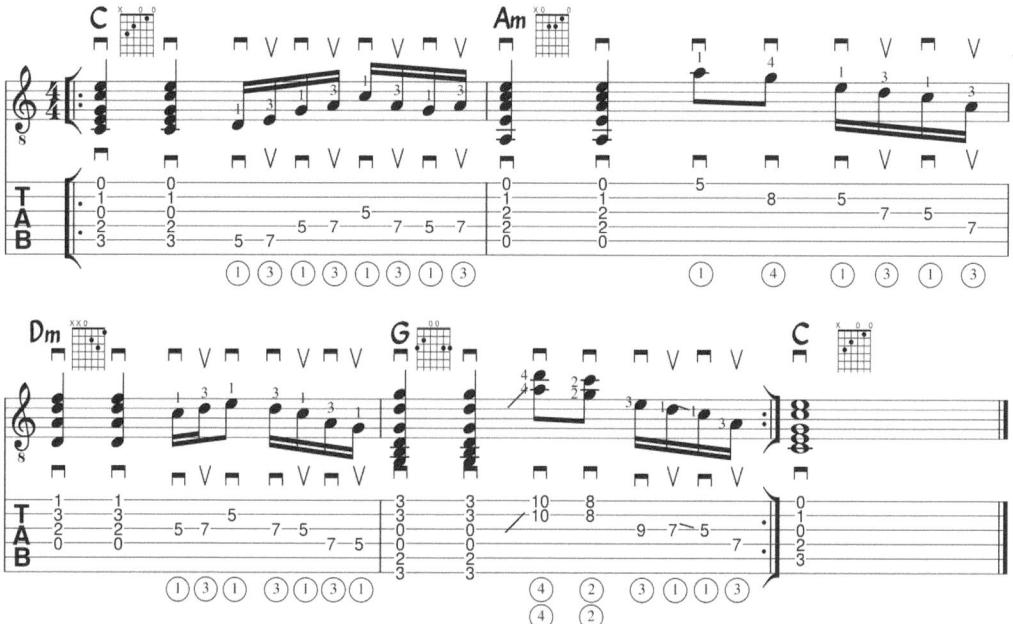

Übung 39

Damit das Üben auch richtig Spaß macht, gibt es zum Abschluss des Kapitels wieder einen Song. In diesem wird die Grundstellung mit der ersten Umkehrung verbunden. Es handelt sich dabei um einen etwas bluesig angehauchten Übungssong. Achte dabei auf die Fingersätze sowie auf die Positionswechsel.

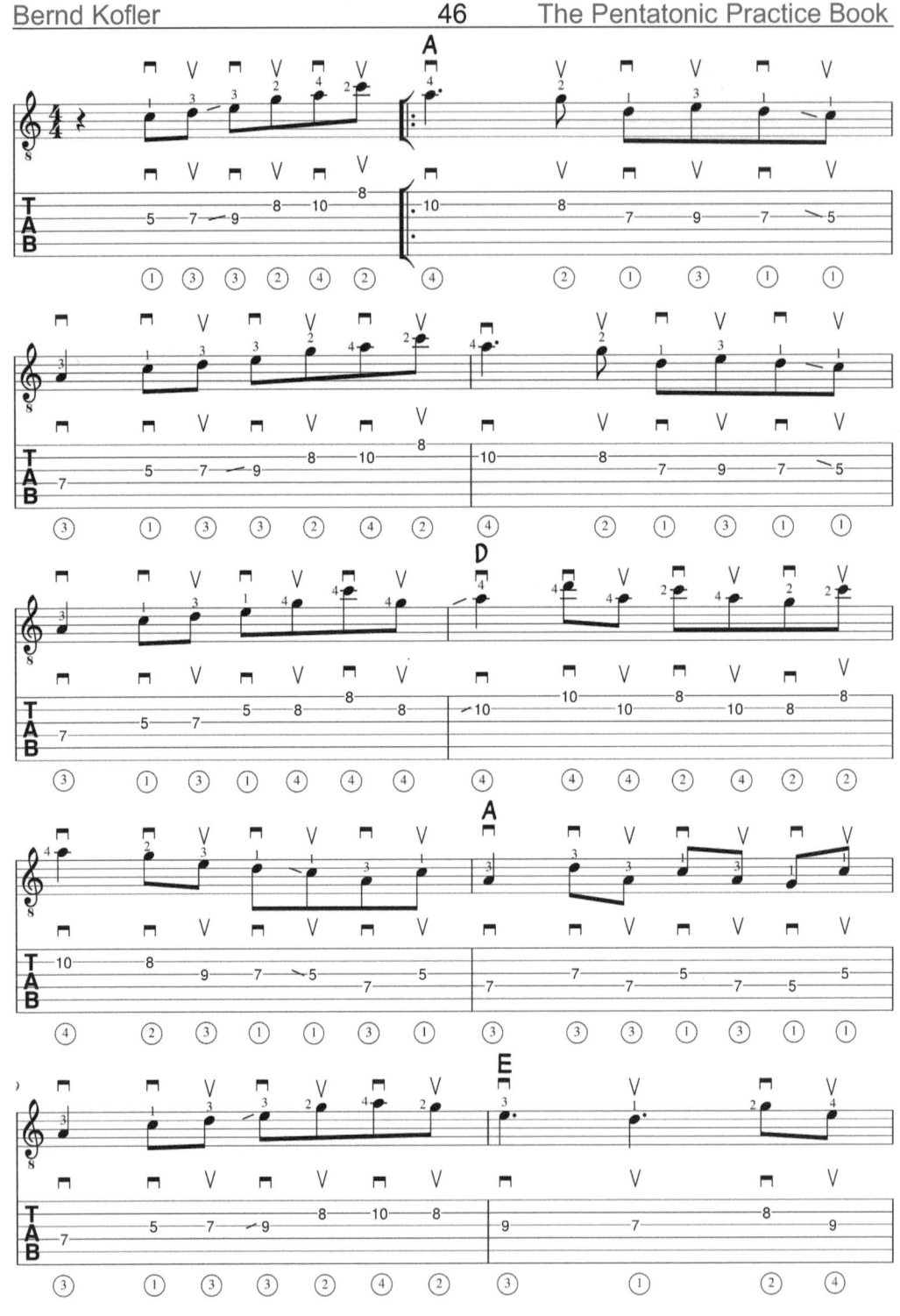

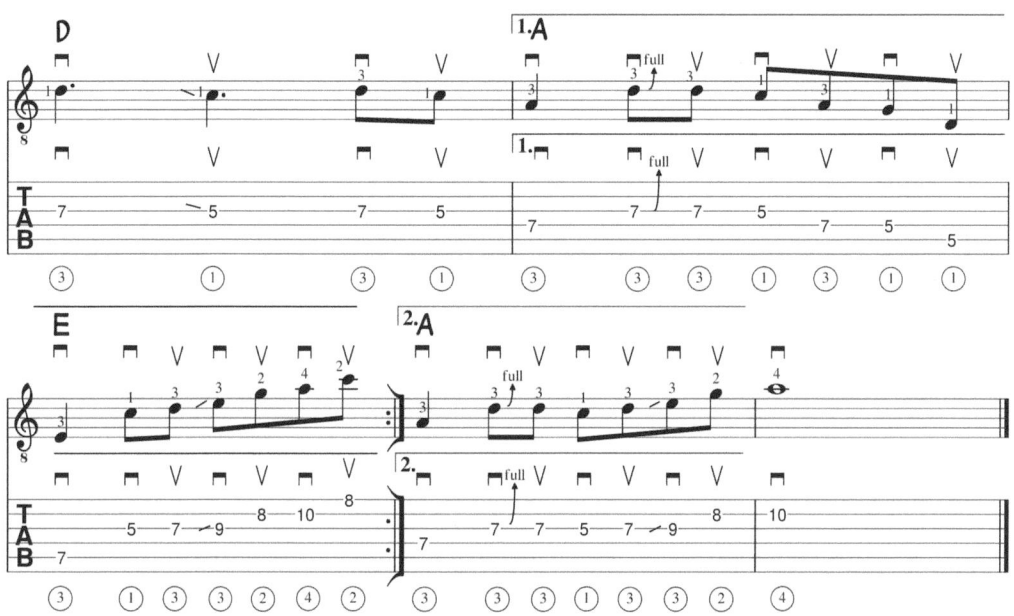

Im nun folgenden Kapitel wird die Pentatonik ausgeweitet. Dadurch entstehen immer mehr Möglichkeiten.

Kapitel

3

Die zweite Umkehrung

Die zweite Umkehrung

In diesem Kapitel wird abermals der Tonumfang nach oben erweitert, um dem Ziel, die Pentatonik über das gesamte Griffbrett anwenden zu können, immer näher zu kommen. Wie schon im vorangegangenen Kapitel werden wir auch diesmal eine Umschichtung der Töne vornehmen. Als Ausgangsbasis dient die erste Umkehrung. Diese besteht aus den folgenden Tönen:

C - D - E - G - A

Der tiefste Ton (in diesem Fall also das „C") wird an das andere Ende der Tonreihe gesetzt, also um eine Oktave erhöht.

C - D - E - G - A - C

Dadurch ergibt sich folgende Abfolge:

D - E - G - A - C

Da wir die Grundstellung bereits einmal umgekehrt haben, sprechen wir in diesem Fall von der zweiten Umkehrung.

Durch diese neue Schichtung ergibt sich ein neues Griffbild und weitere Möglichkeiten, die Pentatonik wiederzugeben.

Hier siehst du die zweite Umkehrung der Pentatonik. Der Startpunkt der zweiten Umkehrung (tiefe E-Saite am 10. Bund) ist gleichzeitig der Endpunkt der ersten Umkehrung.

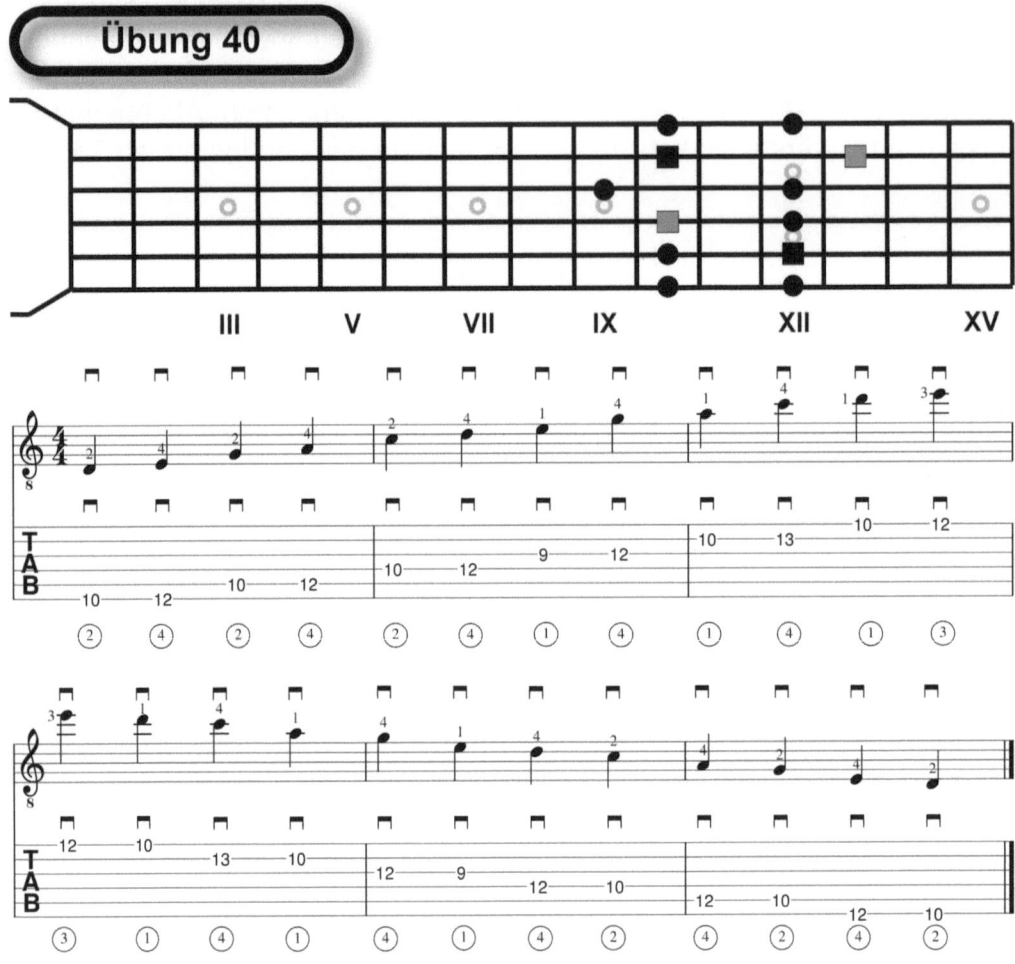

Übung 40

Wieder findest du folgende Orientierungsmarken:

■ = Grundton in Moll (der Ton „A", es handelt sich also um A-Moll)

■ = Grundton in Dur (in diesem Fall C, also C-Dur)

C-Dur und A- Moll verwenden die gleichen Töne und die gleichen Vorzeichen (kein # und kein b). Sie sind parallele Tonarten.

Diese Position erstreckt sich über fünf Bünde - deshalb muss du innerhalb dieser Position einen Lagewechsel durchführen. Das macht diese Position zu Beginn etwas gewöhnungsbedürftig. Achte beim Lagewechsel besonders auf den Fingersatz. Dieser wird auf den ersten drei Saiten mit dem Mittelfinger und dem kleinen Finger gespielt.

Einige Gitarristen vermeiden diese grifftechnische Kombination und beginnen die Position lieber wie anschließend gezeigt mit dem Zeige- und Mittelfinger. Das ist selbstverständlich auch möglich.

Achte auf den Fingersatz und vergleiche diesen mit dem Vorangegangenen.

Klanglich ist mit diesem alternativen Fingersatz kein Unterschied feststellbar. Allerdings ergeben sich mit diesem Fingersatz zwei Lagewechsel innerhalb der Position. Das wird bei einer sehr hohen Spielgeschwindigkeit zur Tempobremse. Daher bevorzuge ich persönlich die erste Variante, da sie für mich spieltechnisch betrachtet zielführender ist. Alle weiteren Übungen im Buch verwenden die Fingersätze der ersten Variante. Solltest du die zweite Variante bevorzugen, bitte ich dich gegebenenfalls um Korrektur der Fingersätze in Eigenregie. Eine Notation mit beiden Fingersätzen wäre zu unübersichtlich und verwirrend.

Um die zweite Umkehrung richtig einsetzen zu können, musst du folgende Regeln beachten:

Regel 1

Zum Improvisieren zu einem Stück in einer **MOLL** Tonart suchst du mit dem **ZEIGEFINGER auf der tiefen E-Saite** den Grundton. Du befindest dich

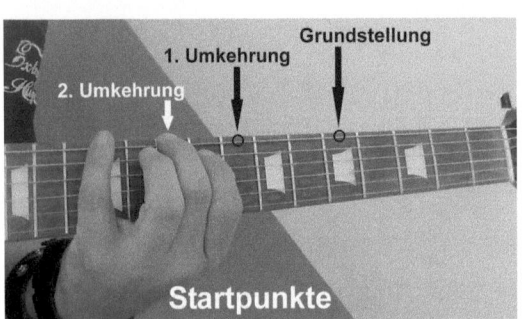

somit in der **Grundstellung.** An dem Punkt, der in der Grundstellung auf der tiefen E-Saite mit dem kleinen Finger besetzt wird, setzt du deinen Mittelfinger auf. Dadurch befindest du dich am Startpunkt der ersten Umkehrung. In dieser setzt du nun den kleinen Finger auf der tiefen E-Saite. Tausche auf diesem Punkt den kleinen Finger gegen den Mittelfinger und du befindest dich in der zweiten Umkehrung.

Beispiele:

Der Song, über den du solieren möchtest ist in **A-Moll**:

Suche mit dem **Zeigefinger auf der tiefen E-Saite** den Ton „A". Dieser befindet sich am 5. Bund. Die Grundstellung muss mit dem Zeigefinger beginnend am 5. Bund eingenommen werden. Der kleine Finger fällt auf der tiefen E- Saite am 8. Bund. Setze an diesem Punkt nun den Mittelfinger auf. Die erste Umkehrung beginnt somit auf der tiefen E- Saite am 8. Bund mit dem zweiten Finger, der kleine Finger fällt am 10. Bund. Setzte an diesem Punkt nun wieder den Mittelfinger auf. Du befindest dich nun in der zweiten Umkehrung.

Vorgabe ist die Tonart **F-Moll**:

Suche mit dem **Zeigefinger auf der tiefen E-Saite** den Ton „F". Dieser befindet sich am 1. Bund. Die Grundstellung muss mit dem Zeigefinger beginnend am 1. Bund eingenommen werden, der kleine Finger fällt in dieser

Position auf den 4. Bund. Nun setzt du am 4. Bund den zweiten Finger auf und hast Startpunkt für die erste Umkehrung gefunden. Der kleine Finger fällt in dieser Position am sechsten Bund. Setzte den Mittelfinger auf den sechsten Bund. Du befindest dich am richtigen Startpunkt für die zweite Umkehrung.

Die zweite Umkehrung einer Dur- Tonart:

Suche mit dem **kleinen Finger** auf der **tiefen E-Saite** den Grundton. Du findest hier die passende Position der Grundstellung. Setze an diesem Punkt nun den Mittelfinger auf und du befindest dich am Startpunkt der ersten Umkehrung. An der Stelle, wo in dieser ersten Umkehrung auf der tiefen E- Saite der kleinen Finger fällt, tauscht du diesen gegen den Mittelfinger aus und du befindest dich am richtigen Startpunkt für die zweite Umkehrung.

Ein Musikstück steht in **C- Dur**:

Suche mit dem kleinen Finger auf der tiefen E-Saite den Ton „C". Dieser befindet sich am 8. Bund. Die Grundstellung muss also mit dem kleinen Finger beginnend am 8. Bund auf der tiefen E- Saite eingenommen werden. Tausche nun den kleinen Finger gegen den Mittelfinger aus und du hast den Startpunkt für die erste Umkehrung. In dieser fällt der kleine Finger auf den 10. Bund der tiefen E- Saite. Tausche nun am 10. Bund den kleinen Finger gegen den Mittelfinger aus und wechsle somit in die zweite Umkehrung. Der Startpunkt für die zweite Umkehrung ist also am 10. Bund, beginnend mit dem Mittelfinger auf der tiefen E- Saite.

Für das nächste Beispiel verwenden wir die von Gitarristen nicht so häufig genutzte Tonart Ab-Dur, die aber mit Blasinstrumenten sehr gerne verwendet wird. Falls du mal in einer Band mit einer Bläserbesetzung (Saxofonisten, Trompeter etc.) spielst, wirst du diese Tonart mit Sicherheit öfter brauchen:

Ab- Dur :

Suche mit dem kleinen Finger auf der tiefen E-Saite den Ton „Ab". Dieser befindet sich am 4. Bund. Die Grundstellung muss mit dem kleinen Finger beginnend am 4. Bund eingenommen werden. Tausche nun den kleinen Finger gegen den Mittelfinger aus und du hast den Startpunkt für die erste Umkehrung. Du willst nun in die nächste Umkehrung wechseln. Der kleine Finger fällt in dieser ersten Umkehrung auf den 6. Bund. Um in die zweite Umkehrung zu gelangen, setze nun den Mittelfinger auf den 6. Bund. Du befindest dich am Startpunkt der zweiten Umkehrung in Ab- Dur.

Übung 41

Hier das erste Lick in der zweiten Umkehrung. Achte auf die Hammer ons und das Vibrato am Ende der Phrase. Wie zuvor erwähnt kannst du mit verschiedenen Fingersätzen experimentieren. Versuche, das Lick auch mit dem ersten und dritten Finger zu spielen.

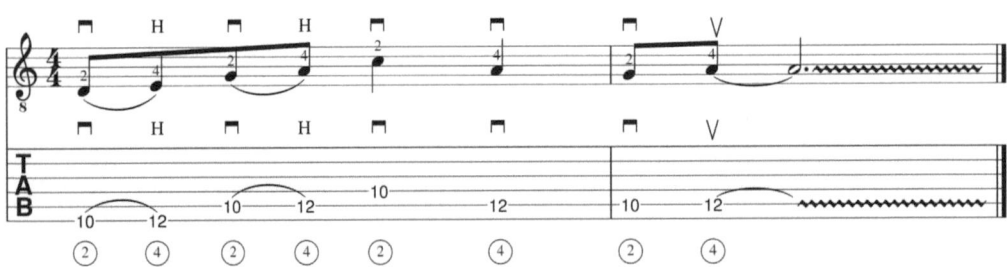

Übung 42

Ein Lick mit Pull off und Bending.

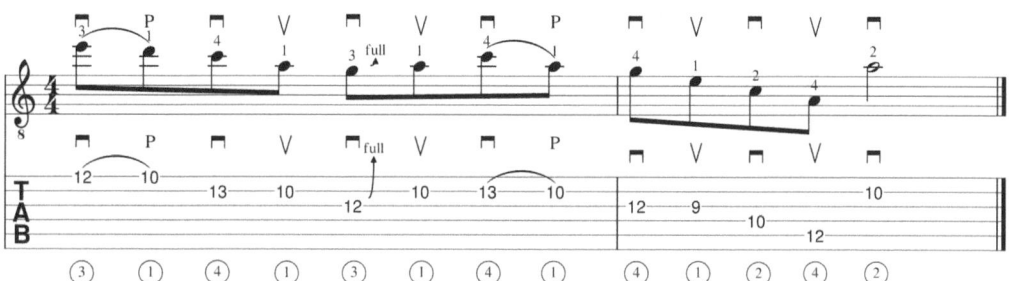

Übung 43

Da sich die zweite Umkehrung über fünf Bünde erstreckt, ist oft mitten in einem Lick ein Lagewechsel erforderlich. Um diesen jedoch nicht zu oft durchführen zu müssen, ist es manchmal sinnvoll, den Fingersatz etwas abzuändern. Achte in diesem Lick auf die fünfte Note - normalerweise wäre diese mit dem Zeigefinger zu greifen, was einen Lagewechsel zur Folge hätte. Durch das geringfügige Ändern des Fingersatzes kann man diesen jedoch vermeiden und so das Lick mit nur einem anstatt mit zwei Lagewechsel spielen.

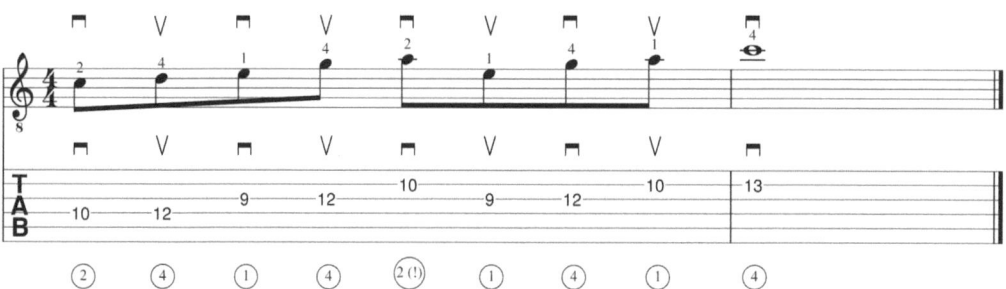

Übung 44

Übung 44 hat durch das Bending über drei Halbtöne einen sehr bluesigen Charakter. Um die gezogene Note richtig zu intonieren, höre dir zuerst die Zielnote an, in dem du diese auf der dünnen E- Saite am 15. Bund greifst.

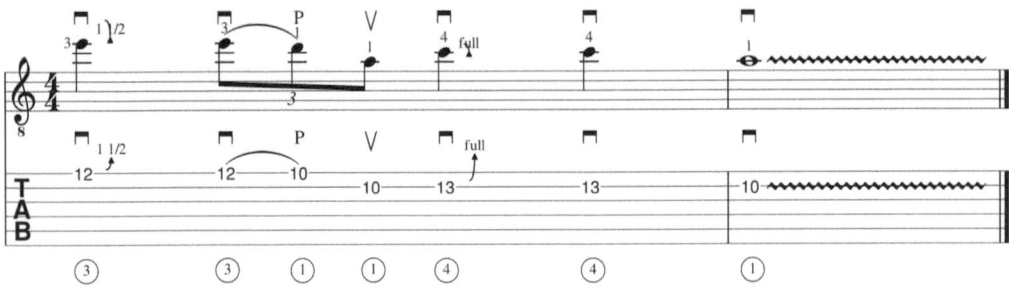

Übung 45

Wieder ein Lick mit modifiziertem Fingersatz. Spiele die letzte Note nicht mit dem kleinen Finger sondern mit dem Ringfinger. Dadurch sparst du wieder einen Lagewechsel und das Bending ist einfacher spielbar.

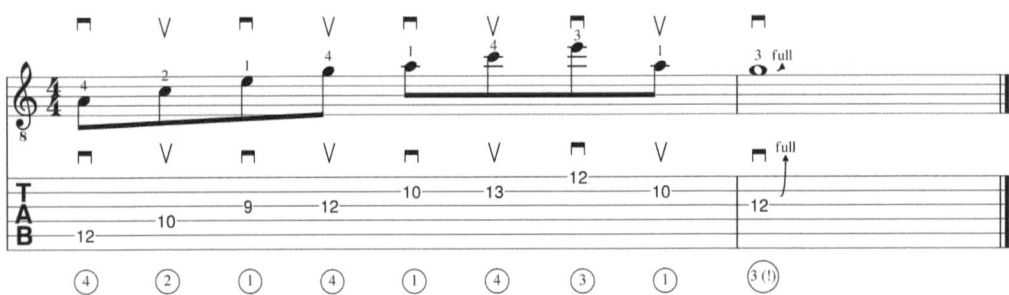

Lick Transpose

Die Saitenpaare E/A, D/G und B/E sind zueinander in Quarten gestimmt. Dadurch ergibt sich die Möglichkeit, Licks durch einfach Verschieben mit dem gleichen Fingersatz in Oktaven zu transponieren. Damit kann man rasch einen sehr großen Tonumfang abdecken.

Übung 46

Dieses Lick besteht aus einer kleinen Idee in der Grundstellung, bestehend aus vier Tönen. Diese Sequenz wird anschließend in die erste und dann in die zweite Umkehrung übertragen. Der Fingersatz ist immer gleich.

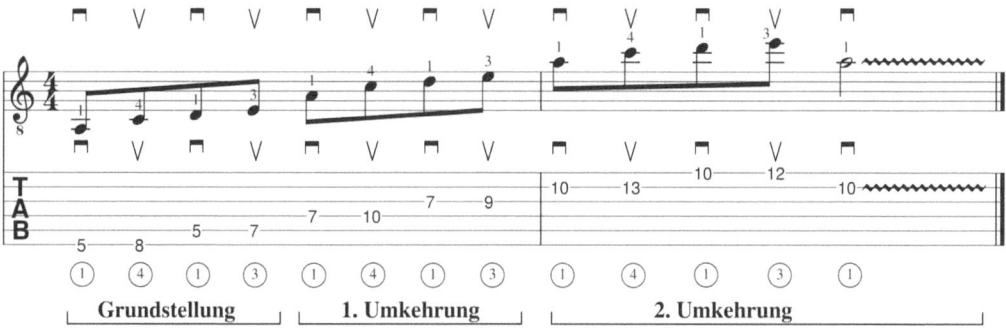

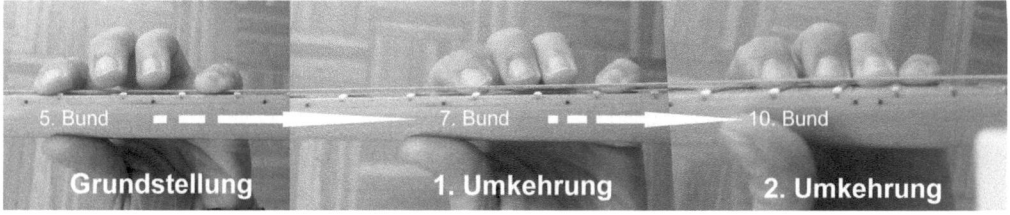

Übung 47

Auch dieses Lick folgt dem selben Prinzip, diesmal jedoch absteigend: Von der zweiten Umkehrung bis zur Grundstellung.

Übung 48

Hier eine Idee mit drei Tönen. Diese wird in aufsteigender Abfolge in den verschiedenen Positionen wiederholt.

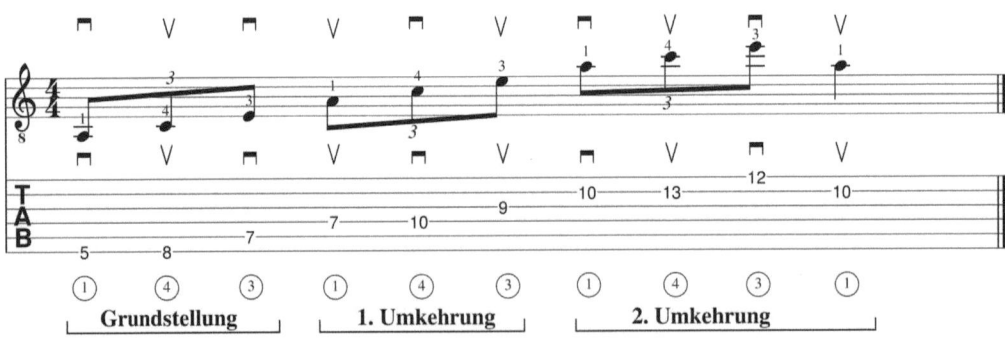

String Skipping

Mit String Skipping wird eine Spieltechnik bezeichnet, bei der Saiten übersprungen werden. Dies stellt vor allem für die Anschlagshand eine große Herausforderung dar. Mit dieser Technik kann man auf Grund der großen Intervallsprünge keyboardähnliche Sounds erzielen.

Übung 49

Versuche, dein Instrument zu fühlen und nicht immer auf die Anschlagshand zu schauen. Die Abstände der Saiten zueinander sind immer gleich und du wirst im Laufe der Zeit ein gutes Gefühl dafür bekommen, wie weit du deine Anschlagshand führen musst.

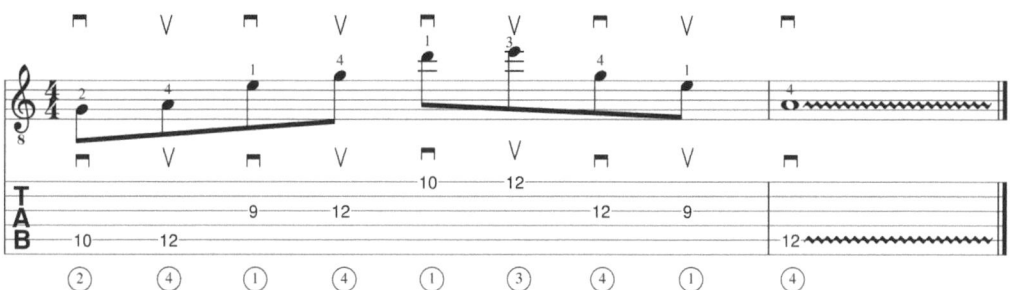

Übung 50

Bei dieser Übung wird der Fingersatz an manchen Stellen wieder modifiziert, um weniger Lagewechsel durchführen zu müssen.

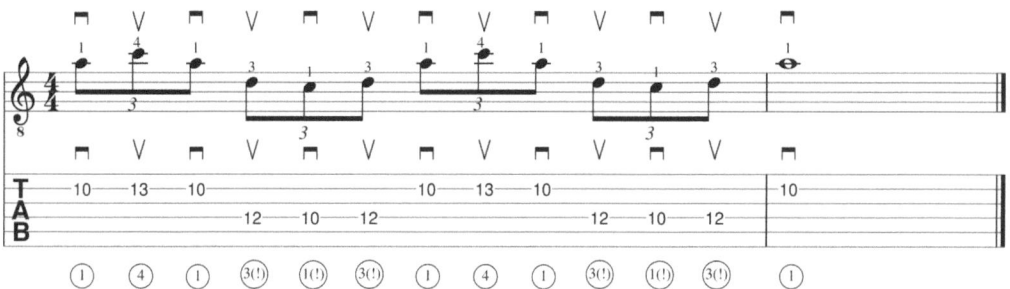

Übung 51

Achte bei den letzen drei Noten besonders auf den Fingersatz.

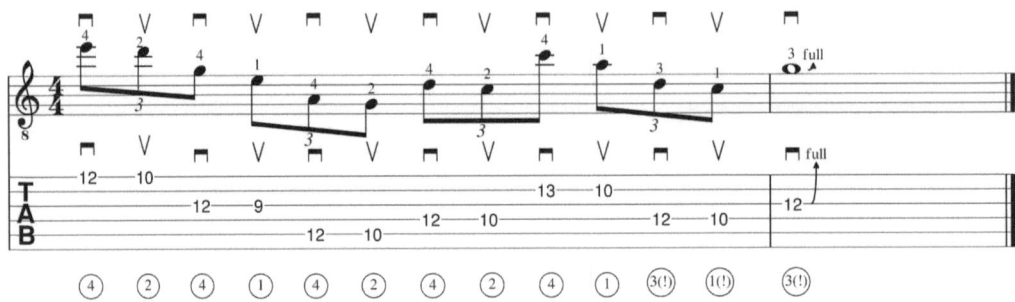

Übung 52

Diese String Skipping Übung verwendet alle bisher erlernten Positionen.

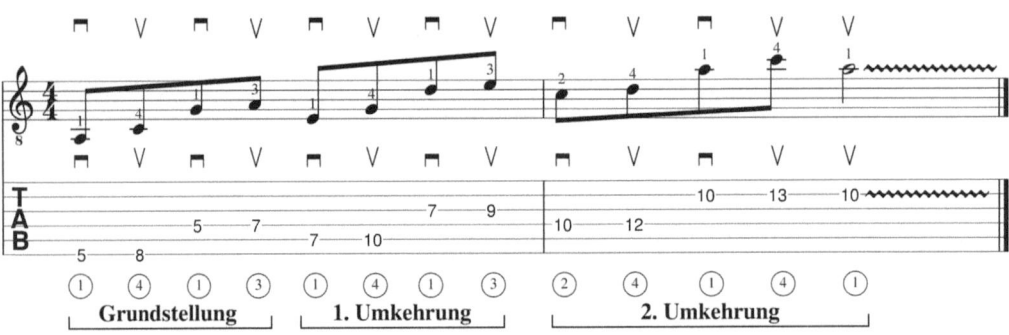

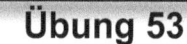

Übung 53 Es folgt ein Übungssong für die 2. Umkehrung:

Kapitel

4

Die dritte Umkehrung

Die dritte Umkehrung

Um die dritte Umkehrung zu erreichen müssen wir abermals eine Umschichtung der Töne vornehmen. Als Ausgangsbasis dient die zweite Umkehrung. Diese besteht aus den folgenden Tönen:

D - E - G - A - C

Der tiefste Ton (in diesem Fall also das „D") wird wie schon in den vorangegangenen Kapiteln an das andere Ende der Tonreihe gesetzt, also um eine Oktave erhöht.

D - E - G - A - C - D

Dadurch ergibt sich für die dritte Umkehrung folgende Abfolge:

E - G - A - C - D

Auch hier wird wieder der Tonumfang nach oben (zu den hohen Tönen hin) erweitert. Um diese Tonfolge auf der Gitarre umsetzen zu können ergibt sich abermals ein neues Griffbild.

In der folgenden Grafik siehst du nun das Griffbild der dritten Umkehrung. Diese startet am zwölften Bund, dies entspricht dem Endpunkt der zweiten Umkehrung.

Übung 54

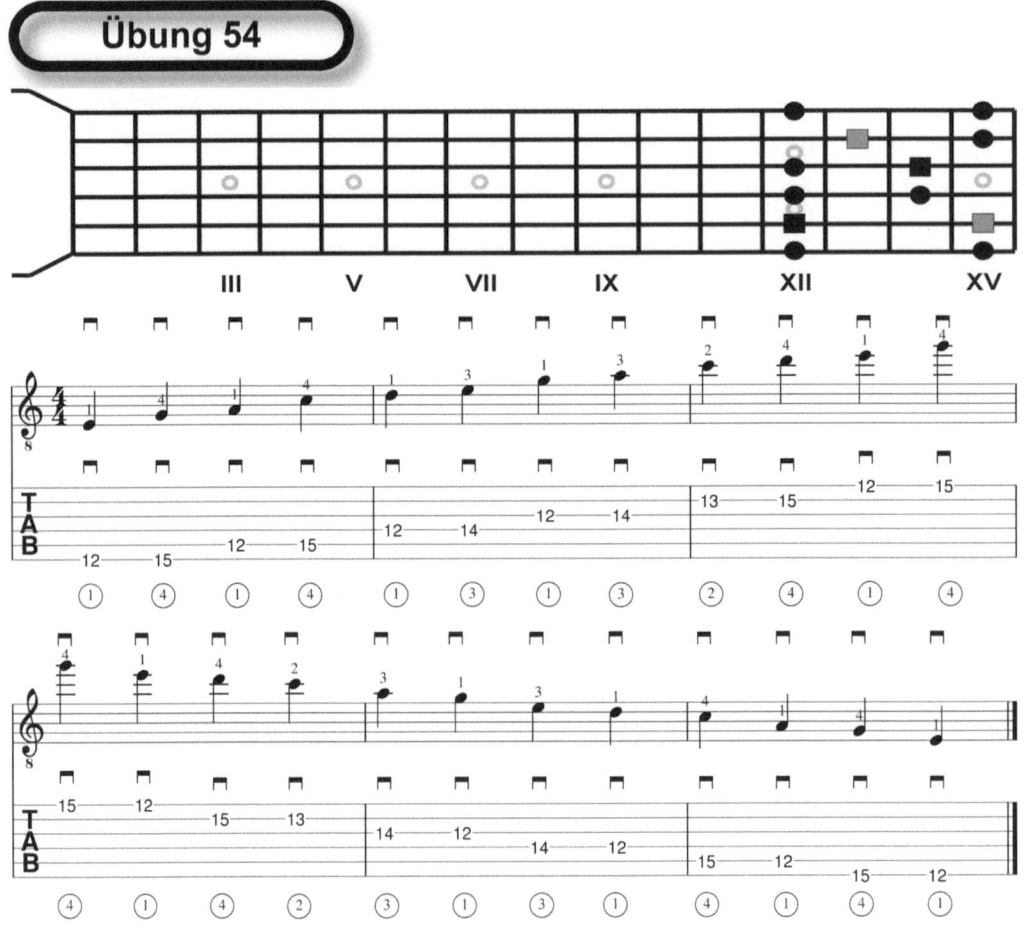

Wieder findest du folgende Orientierungsmarken:

   ■ = Grundton in Moll (der Ton „A", es handelt sich also um A-Moll)

   ■ = Grundton in Dur (in diesem Fall C, also C-Dur)

Noch ein Mal zur Erinnerung: C-Dur und A- Moll verwenden die gleichen Töne und die gleichen Vorzeichen (in diesem Fall bekanntermaßen kein # und kein b) und sind daher parallele Tonarten. Deshalb kann man mit einem Griffbild beide Tonalitäten abdecken.

Bitte beachte folgende Regeln, um die dritte Umkehrung richtig lokalisieren zu können:

Um über ein Stück in einer **MOLL** Tonart zu spielen suchst du zuerst die Grundstellung, dies geschieht durch Greifen des Grundtones mit dem mit

Grundton in Moll

dem **ZEIGEFINGER auf der tiefen E-Saite**. Wenn du den Grundton gefunden hast, wechsle weiter in die erste und anschließend in die zweite Umkehrung. An dem Punkt, an dem der kleine Finger auf der dicken E-Saite in der zweiten Umkehrung zu liegen kommt wird nun der Zeigefinger aufgesetzt. Nun hast du die dritte Umkehrung erreicht. Diese Methode ist vielleicht etwas mühsam, hilft dem Be-ginner jedoch, sicher alle Positionen exakt lokalisieren zu können. Im Laufe der Zeit prägen sich die Startpunkte der Positionen ein und man erspart sich das lästige Wandern durch alle Positionen, um eine bestimmte Umkehrung aufzufinden.

*Alternativ kannst du auch den Grundton mit dem **Zeigefinger** auf der **A-Saite** suchen!*

Beispiele:

Die vorgegebene Tonart ist **G-Moll**:

Erster Schritt: Suche mit dem **ZEIGEFINGER auf der tiefen E-Saite** den Ton „G". Dieser befindet sich am dritten Bund. Somit hast du die Grundstellung erreicht. Die erste Umkehrung findest du am sechsten Bund, die zweite Umkehrung am achten Bund. Der kleine Finger fällt in dieser zweiten Umkehrung auf der dicken E-Saite auf den zehnten Bund. Hier muss nun den Zeigefinger aufgesetzt werden. Die dritte Umkehrung in G-Moll startet auf der tiefen E-Saite am zehnten Bund.

Du benötigst die dritte Umkehrung in Bb-Moll:

Der Grundton Bb befindet sich auf der tiefen E-Saite am sechsten Bund. Somit befindet sich die erste Umkehrung am neunten Bund, die zweite Umkehrung am elften Bund. Diese endet am dreizehnten Bund. Hier setzt du den Zeigefinger auf - die dritte Umkehrung in Bb Moll startet am dreizehnten Bund.

Regel 2

Die zweite Regel bezieht sich auf Stücke in einer **Dur Tonart**:

Setze den **kleinen Finger** auf den **Grundton auf der tiefen E-Saite**. Somit befindest du dich in der Grundstellung. Wenn du die Grundstellung lokalisiert hast, bewege dich nach den vorgenannten Regeln in die erste und in die zweite Umkehrung. Dort, wo der kleine Finger auf der tiefen Saite zu liegen kommt, wird der Zeigefinger aufgesetzt. Somit befindest du dich in der dritten Umkehrung.
*Alternativ kannst du auch den Grundton mit dem **kleinen Finger** auf der A-Saite suchen!*

Beispiele:

Du spielst in einer Band mit einer Bläsersektion - diese bevorzugen Tonarten wie F, Bb, Eb und Ab Dur. Du sollst bei einem Song in Ab-Dur ein Solo spielen. Damit sich dieses Solo im Arrangement gut durchsetzt, möchtest du es in einer höheren Lage spielen und suchst daher die dritte Umkehrung.

Die **dritte Umkehrung** in **Ab-Dur** findest du folgendermaßen:

Du suchst mit dem **kleinen Finger auf der dicken E-Saite** den Grundton „Ab". Dieser befindet sich am vierten Bund. Somit hast du die Grundstellung gefunden. Durch Weiterrutschen findest du am vierten Bund die erste Umkehrung und am sechsten Bund die zweite Umkehrung. Wenn du nun auf der tiefen Saite den kleinen Finger durch den Zeigefinger ersetzt, kommt dieser am achten Bund zu liegen. Die dritte Umkehrung in Ab-Dur startet am zehnten Bund.

Du sollst ein Intro über einen Song in **C - Dur** spielen und möchtest dazu die dritte Umkehrung verwenden. Um diese zu finden, suchst du dir zuerst den Grundton „C" auf der tiefen E-Saite. Dieser befindet sich am achten Bund. Also setzt du den **kleinen Finger** auf den achten Bund **auf der tiefen E-Saite** und befindest dich somit in der Grundstellung. Von diesem Punkt aus wechselst du in die erste und zweite Umkehrung. Deine Finger sollten sich nun auf der dicken E-Saite am zehnten Bund (zweiter Finger) sowie am zwölften Bund (kleiner Finger) befinden. Um nun in die dritte Umkehrung zu wechseln, tauscht du den kleinen Finger am zwölften Bund gegen den Zeigfinger aus. Hier startet die dritte Umkehrung in C-Dur.

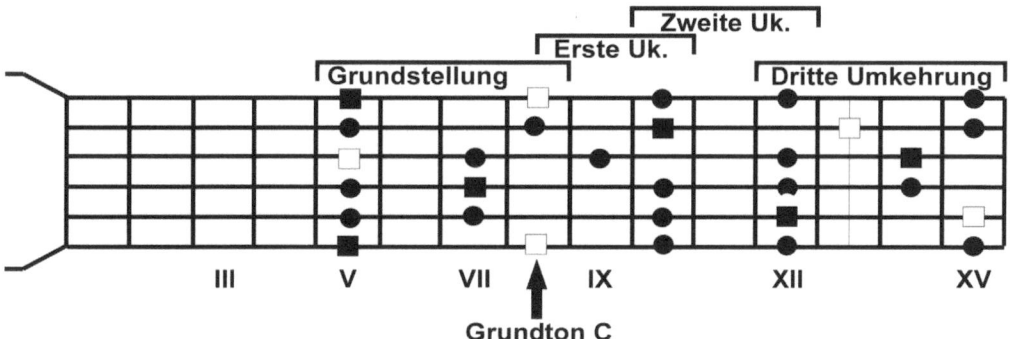

Stell dir nun folgendes Szenario vor:

Nach einigen Experimenten hast du eine schöne Melodielinie gefunden, die sehr eingängig ist und gut zum Song passt. Doch irgendwie klingt die Gitarre in dieser hohen Lage für den Song etwas zu dünn und der Sänger der Band fragt dich, ob du diese Melodielinie eine Oktave tiefer spielen kannst.

Überlege dazu folgendes:

Du startest mit der dritten Umkehrung am zwölften Bund auf der dicken E-Saite. Deine Startnote ist in diesem Fall der Ton „E". Der Doppelpunkt am Griffbrett deiner Gitarre zeigt dir an, dass hier die Oktave der Leersaite zu finden ist. Somit müsste es doch möglich sein, das Griffbild unter zu Hilfenahme von Leersaiten auch eine Oktave tiefer auf das Griffbrett zu übertragen. Dadurch ergibt sich das selbe Griffbild, nur eben eine Oktave tiefer:

Übung 55a

Übung 55a zeigt dir das Griffbild der dritten Umkehrung, eine Oktave tiefer (unter zu Hilfenahme von Leersaiten):

Wenn du das Griffbild inklusive Fingersatz auf diese Position überträgst ergibt es sich, dass du nun mit dem kleinen Finger am dritten Bund greifen musst, mit dem dritten Finger am zweiten Bund sowie mit dem zweiten Finger am ersten Bund. Dadurch ist das Griffbild in der Fingerfolge identisch mit der Fingerfolge der hohen Lage am zwölften Bund.

Das Problem dabei ist, dass der Zeigefinger, der zumeist der stärkste und führungssicherste Finger der Greifhand ist, nicht verwendet wird. Du kannst nun den Fingersatz folgendermaßen anpassen:

Übung 55b

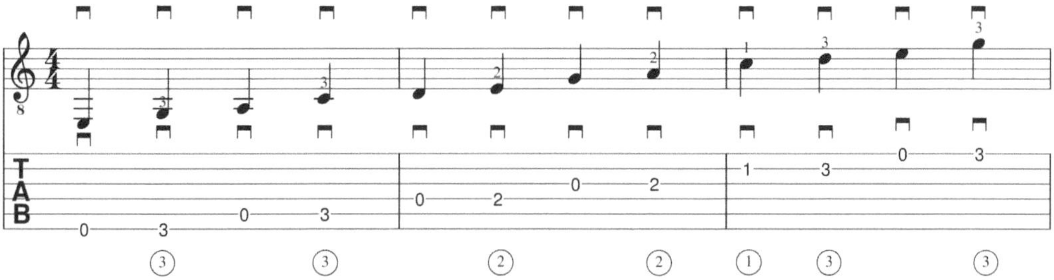

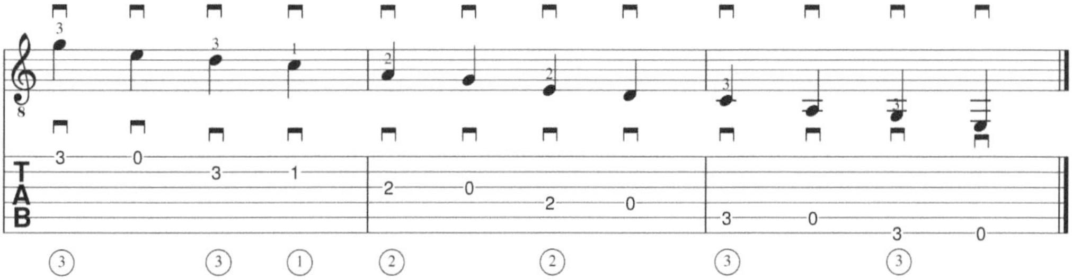

Mit diesem Fingersatz ist die dritte Umkehrung für die meisten Gitarristen grifftechnisch angenehmer zu spielen, da es sich natürlicher anfühlt. Entscheide selbst, welche der beiden Variationen für dich besser ist.

Übung 56

Ein erstes Lick mit der dritten Umkehrung:

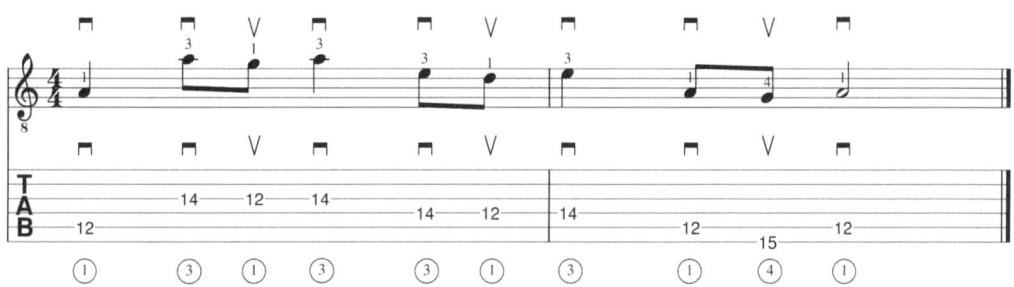

Übung 57

Das gleiche Lick nochmals, jedoch eine Oktave tiefer und mit modifizierten Fingersatz:

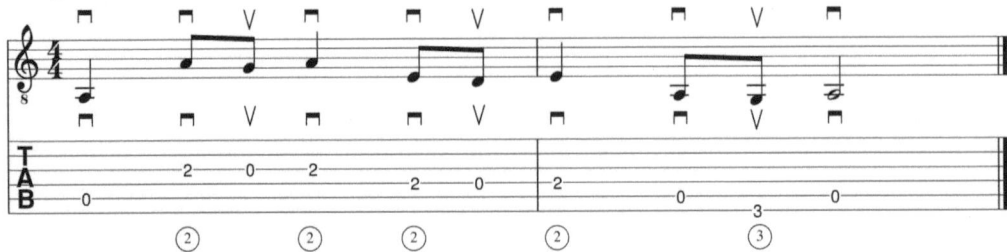

Übung 58

Achte auf die Vorschlagnote am Beginn des Licks - diese ist zwar vorhanden, muss aber sehr kurz gespielt werden, da ihr nicht einmal ein eigene Zählzeit zugewiesen wird.

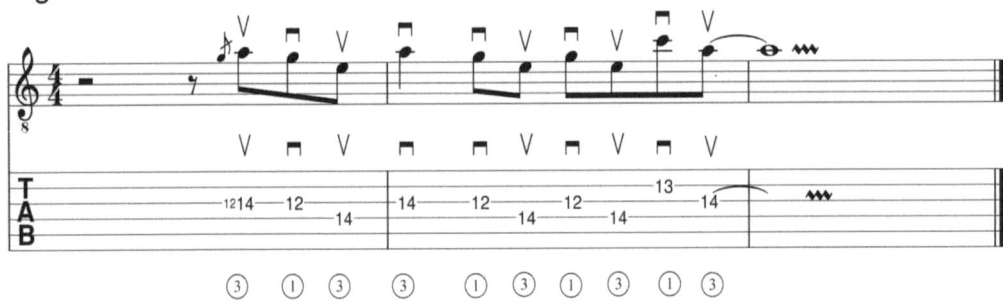

Übung 59

Hier ein Lick mit der mit Pull off Technik:

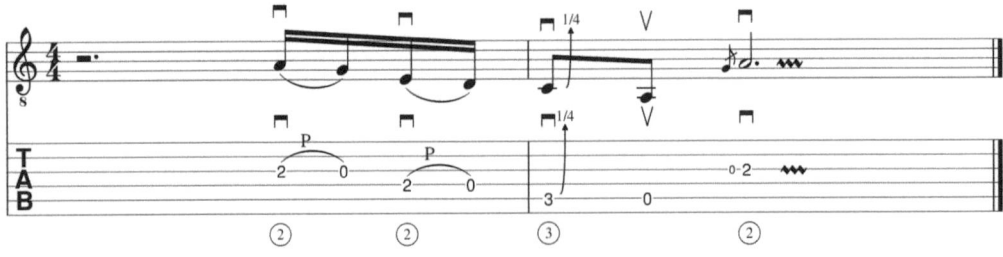

Übung 60

Ein Bending Lick in der hohen Lage:

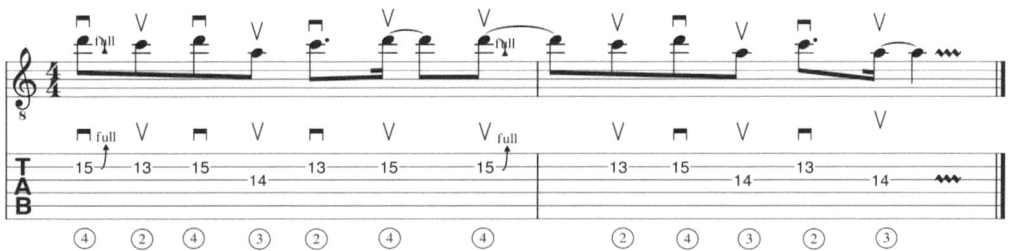

Übung 61

Ein kleines Riff in der ersten Lage:

Übung 62

Im Stile von Slash:

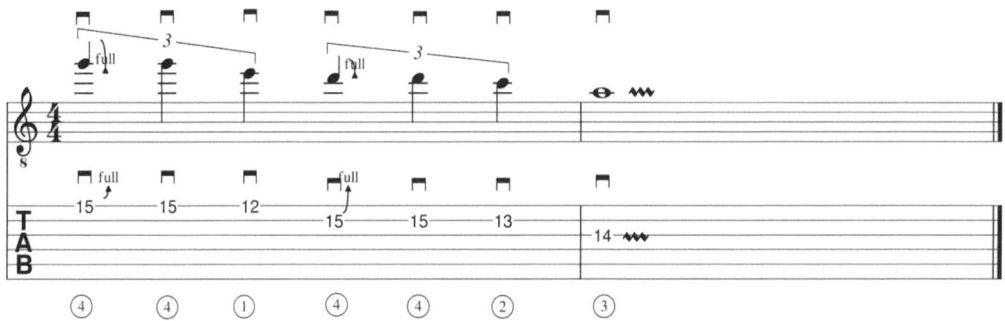

Tapping

Tapping ist eine Spieltechnik, die durch Musiker wie Eddie van Halen oder Stanley Jordan sehr populär wurde und die keinesfalls im Repertoire eines Gitarristen fehlen sollte. Beim Tapping werden die Saiten mit den Fingern der Anschlaghand gegen das Griffbrett gedrückt (wie bei der Hammer on Technik mit der Greifhand) und in Folge durch ein Pull off weiter in Schwingung versetzt. Dabei werden sehr schnell klingende Linien möglich, die einen Tonumfang abdecken können, der mittels herkömmlicher Spieltechnik nicht realisierbar wäre. Da kein Plektrum zum Einsatz kommt unterscheiden sich Tapping Licks klanglich von der herkömmlichen Picking Technik.

Um beim Tappen eine gute Kontrolle über die Anschlaghand zu haben ist es wichtig, mit dieser Hand eine Verbindung zum Instrument herzustellen.

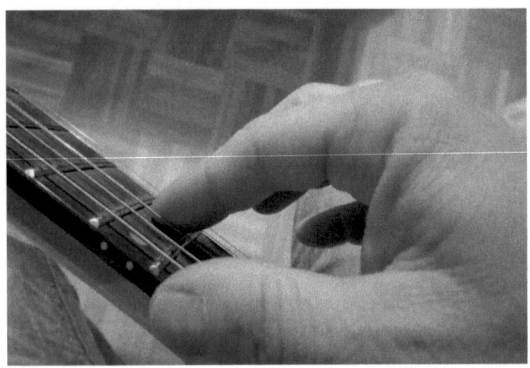

So trifft man auch trotz heftiger Bewegung im Zuge einer exzessiven Bühnenshow die für den dargebotenen Song erforderlichen Noten.

Ich empfehle daher, **mit dem Daumen** der Anschlaghand **an der oberen Griffbrettkante entlangzugleiten** um so die Hand zu stabilisieren.

Es erfordert etwas Eingewöhnungszeit und Übung, mit der Anschlaghand die gewünschten Saiten einigermaßen sicher zu treffen. Auch die Fingerkraft wird erst im Laufe der Zeit aufgebaut.

Die zweite Herausforderung ist das Festhalten des Plektrums während des Tappens. Da gibt es viele Möglichkeiten - ich stelle hier die von mir bevorzugte Methode vor, die allerdings nur funktioniert, wenn man nicht die 8 (oder 9) Finger Tapping Technik verwendet.

Wie auf dem Foto ersichtlich klemme ich mein Plektrum mit dem Zeigefinger aus der normalen Picking-Spielposition heraus zwischen Fingerkuppe und Handfläche. Dies mache ich, wenn ich mit dem Mittelfinger tappen will. Diese Technik verwende ich auch mit dem Mittelfinger oder Ringfinger, wenn ich mit dem Zeigefinger tappen will, dann klemmt mein Pick zwischen dem Mittelfinger und der Handfläche. Diesen Bewegungsablauf kann man wunderbar üben wenn man unterwegs ist, um sich zum Beispiel eine Wartezeit zu vertreiben, man braucht dazu keine Gitarre.

Am linken Bild kannst du nun meine Hand beim Tappen sehen: Der Daumen hat seinen Führungspunkt an der oberen Griffbrettkante eingenommen, das Plektrum ist zwischen meinem Zeigefinger und meiner Handfläche fixiert, getappt wird in diesem Fall mit dem Mittelfinger.

Übrigens - es ist auch wichtig, die „Gegenbewegung" zu üben, um aus der Tapping- Position heraus wieder das Plektrum normal fassen zu können und in der gewohnten Pickingtechnik weiterspielen zu können!

Da du nun Grundlegendes zur Haltung weißt, sehen wir uns in einem nächsten Schritt einige Konzepte zur Auswahl der Noten an. Dazu werden wir nur Töne aus den dir bereits bekannten pentatonischen Positionen verwenden.

Übung 63

Bei der ersten Tappingübung verwenden wir mit der Greifhand die Grundstellung und mit der Anschlaghand die dritte Umkehrung. Dabei bleiben beide Hände stabil in ihren Positionen. Getappt wird mit dem Zeige- oder Mittelfinger, versuche beides. Um die Saite für die zweite Note gut in Schwingung zu versetzen musst du mit dem Finger der Anschlaghand nach dem Tappen die Saite nach innen oder aussen „wegknipsen", ein bloßes Abheben ist zu wenig.

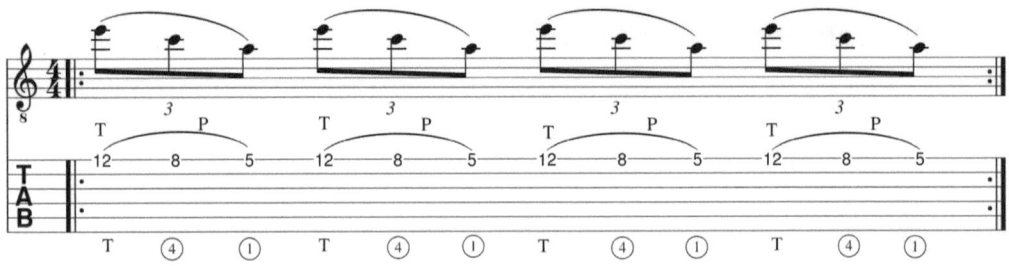

Übung 64

Diese Übung bewegt sich ebenfalls in der Grundstellung und der dritten Umkehrung, allerdings auf der zweiten Saite. Dabei macht die Greifhand Hammer ons. Um die Saite zu Beginn in Schwingung zu bringen, zupfe diese mit dem Finger der Anschlaghand an.

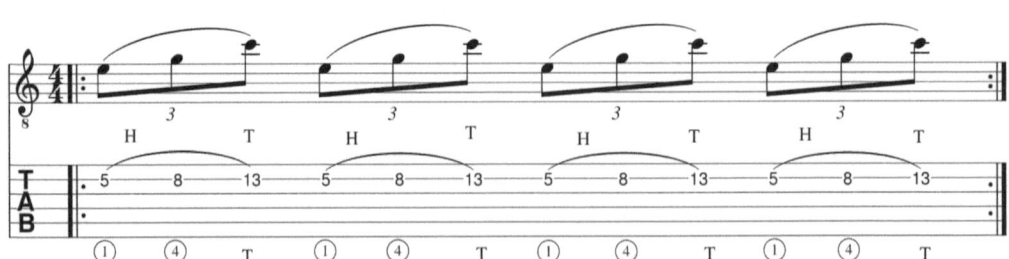

Übung 65

Nun kommt etwas Bewegung in die Anschlagshand - diese tappt nun am zwölften und vierzehnten Bund während die Greifhand stabil in ihrer Position bleibt. Ob du dabei immer mit dem gleichen Finger tappst oder dabei zwischen verschiedenen Fingern wechselst bleibt dir überlassen, versuche am besten beides!

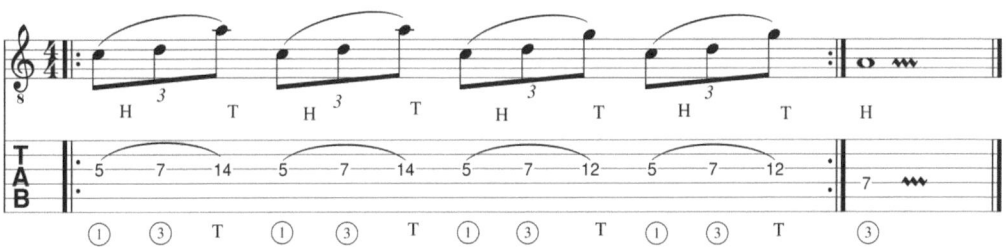

Übung 66

Bei der folgenden Übung bewegt sich die Anschlaghand mit der Tappingfigur durch mehrere Positionen:

Übung 67

Zur Abwechslung bleibt die getappte Note in ihrer Position und die Greifhand bewegt sich durch verschiedene Positionen.

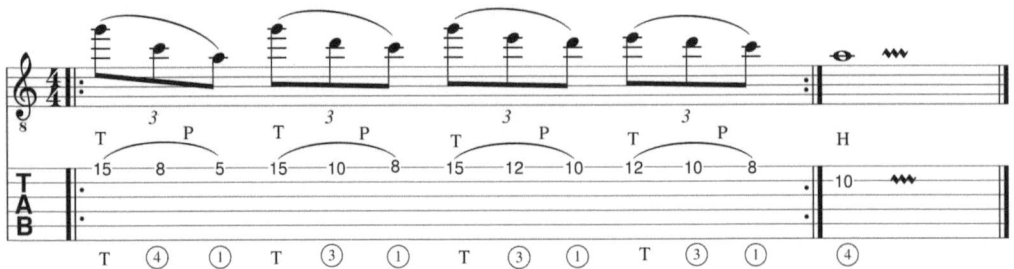

Übung 68

Bei der abschließenden Tappingsequenz bewegen sich nun die Greifhand und auch die Anschlaghand in ihren Postionen. Es erfordert schon einiges an Überblick, diese Übung zu meistern.

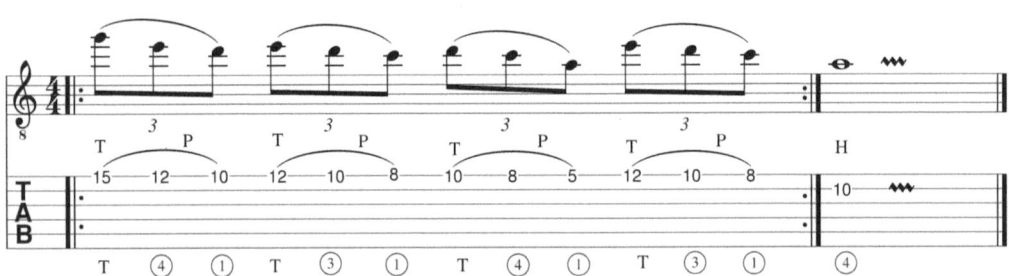

Sweeping

Die Sweeping Technik ermöglicht rasant schnelles Spiel. Der Grundgedanke dabei ist, mehrere benachbarte Saiten mit nur einer einzigen Pickingbewegung anzuschlagen, fast so, als würde man einen Akkord anschlagen. Allerdings muss du nach jedem Ton den Druck der Finger wegnehmen, damit die Noten nicht ineinander klingen sondern jeder einzelne Ton sauber und artikuliert hörbar

ist. Besonderes Augenmerk gilt dabei der Synchronisation von linker und rechter Hand.

Tipp: Wenn du beim Sweepen dein Plektrum ganz leicht schräg hältst, lässt sich die Anschlagbewegung leichter ausführen.

Übung 69

Achte besonders auf die Anschlagrichtungen und versuche, die Bewegung mit der Anschlaghand so flüssig wie möglich und in einem Zug durchzuführen. Das bedeutet, dass die Seiten nicht einzeln angeschlagen werden dürfen, sondern die Saitenwechsel aus einer einzigen gleitenden Bewegung des Plektrums vollzogen werden!

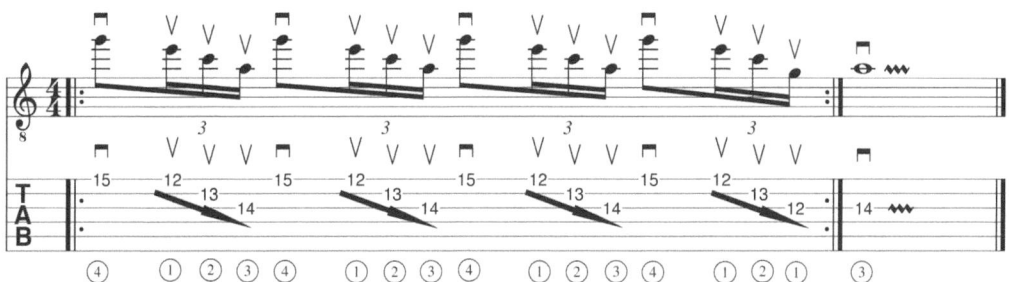

Übung 70

Bei dieser Übung wird die Sweep-Richtung umgekehrt:

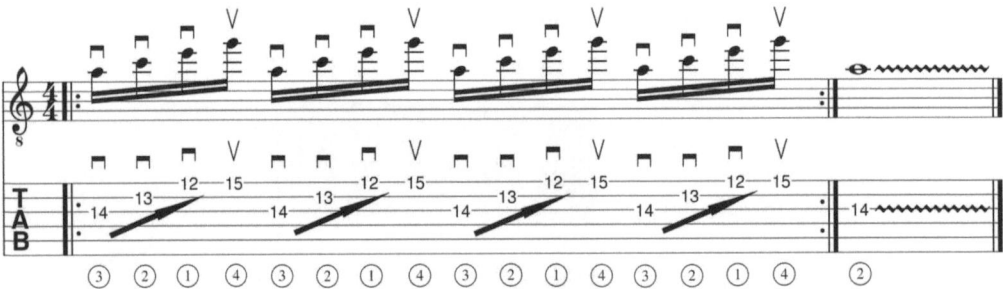

Am Foto rechts: **Frank Gambale**, *1958 in Canberra, Australien. Er gilt als einer der weltbesten Sweeping-Techniker. Sein Interesse an dieser Technik erwuchs aus dem Wunsch, die physischen Grenzen der Gitarre zu überschreiten. Gambales Spieltechnik wird von vielen namhaften Gitarristen quer durch alle Stilrichtungen als großer Einfluss genannt.

Foto: © Philippe Frenette-Roy

Übung 71

Das folgende Beispiel beinhaltet eine Kombination beider Richtungen:

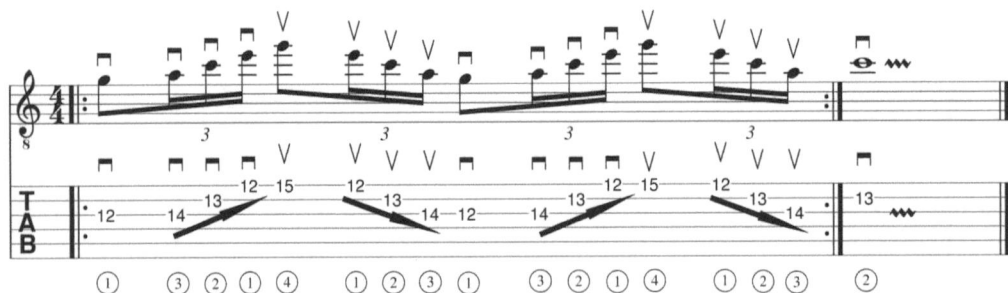

Übung 72

Diese Übung bewegt sich ausschließlich in der dritten Umkehrung der Pentatonik. Da dieses Beispiel technisch sehr anspruchsvoll ist und einiges an Übungszeit erfordert, darfst du es auch gerne überspringen, wenn du momentan nicht so viel Zeit in das Erlernen der Sweeping Technik investieren möchtest sondern eher mit den pentatonischen Umkehrungen vorankommen willst.

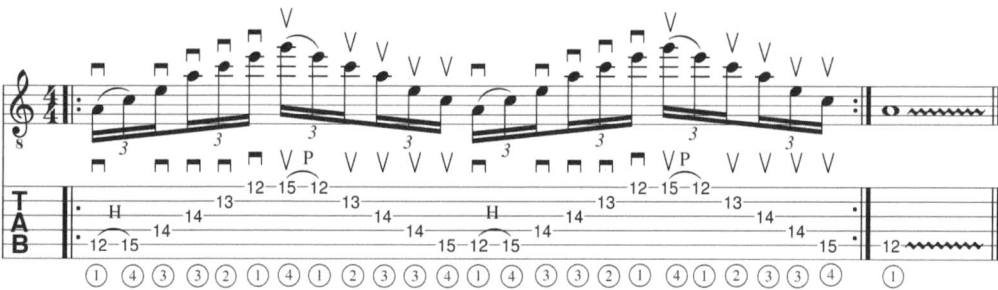

Mehr über die Sweeping- und die Tapping Technik findest du auch in meinem Buch „**Building Speed**", erschienen im BKM-Verlag, ISBN 9783739236230

Übung 73

Den Abschluss dieses Kapitels macht wieder ein Übungssong. Die Noten stammen bis auf ein paar Ausnahmen aus der dritten Umkehrung. Zusätzlich habe ich auch die beiden zuvor besprochenen Spieltechniken Tapping und Sweeping eingebaut.

Im Takt 11 findest du ein Sweeping Lick, bitte achte darauf, dieses nicht mit Wechselschlagtechnik zu spielen.

Das Stück endet mit einem Tapping Lick, dabei soll auch die vorletzte Note auf der dicken E- Saite am 8. Bund getappt werden.

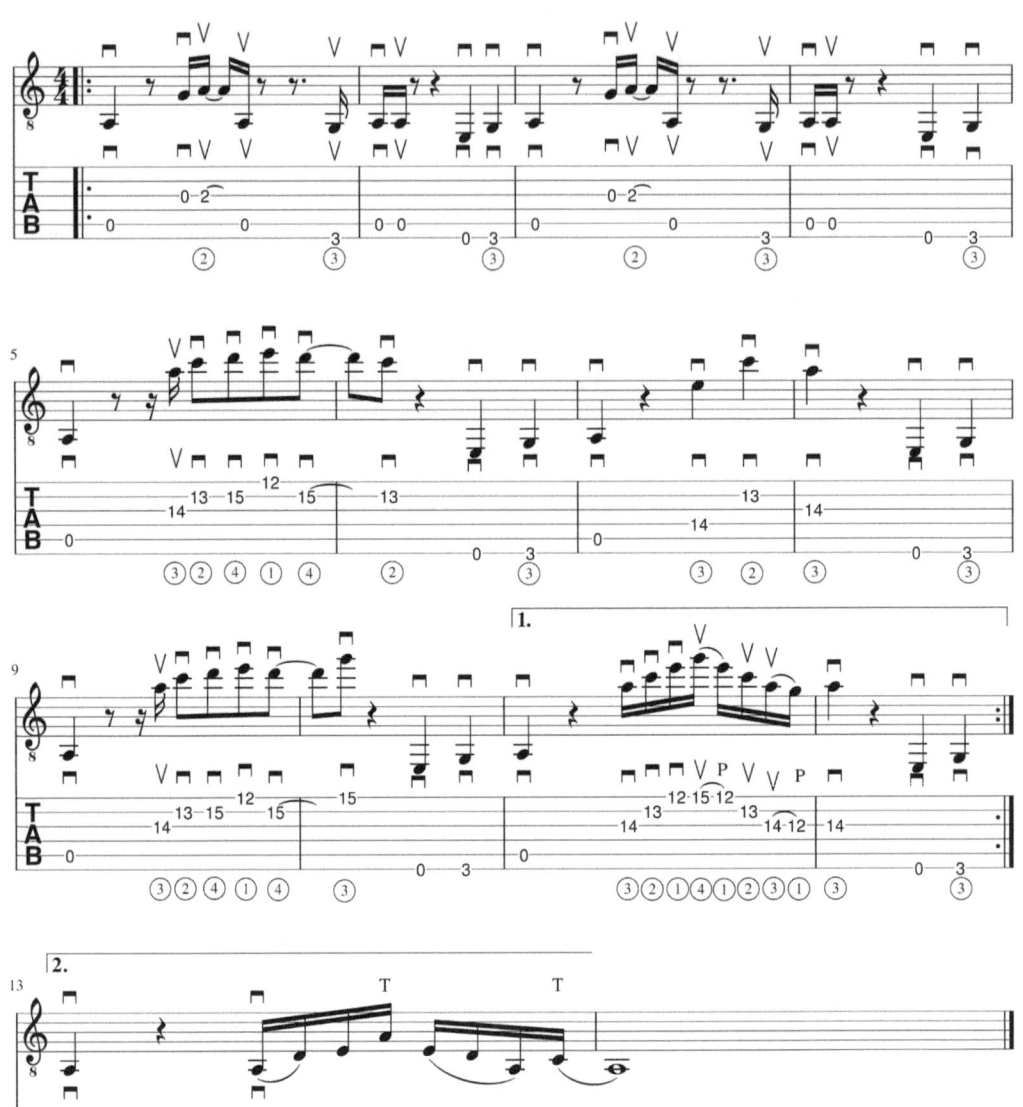

Kapitel

5

Die vierte Umkehrung

Die vierte Umkehrung

Eine weitere Umschichtung der Töne bringt uns nun zur vierten Umkehrung. Als Ausgangsbasis dient die vorangegangene, dritte Umkehrung. Diese besteht aus den folgenden Tönen:

E - G - A - C - D

Der tiefste Ton (in diesem Fall also das „E") wird wiederum um eine Oktave erhöht und setzt sich an das andere Ende der Fünftonreihe.

E - G - A - C - D - E

Dadurch ergibt sich für die vierte Umkehrung folgende Abfolge:

G - A - C - D - E

Auch diesmal wird wieder der Tonumfang nach oben (zu den hohen Tönen hin) erweitert. Um diese Tonfolge auf der Gitarre umsetzen zu können ergibt sich abermals ein neues Griffbild, nämlich das der vierten Umkehrung.

Hier siehst du nun das Griffbild der vierten Umkehrung der Pentatonik. Der Startpunkt der vierten Umkehrung (tiefe E-Saite am 3. Bund) ist gleichzeitig der Endpunkt der dritten Umkehrung.

Übung 74

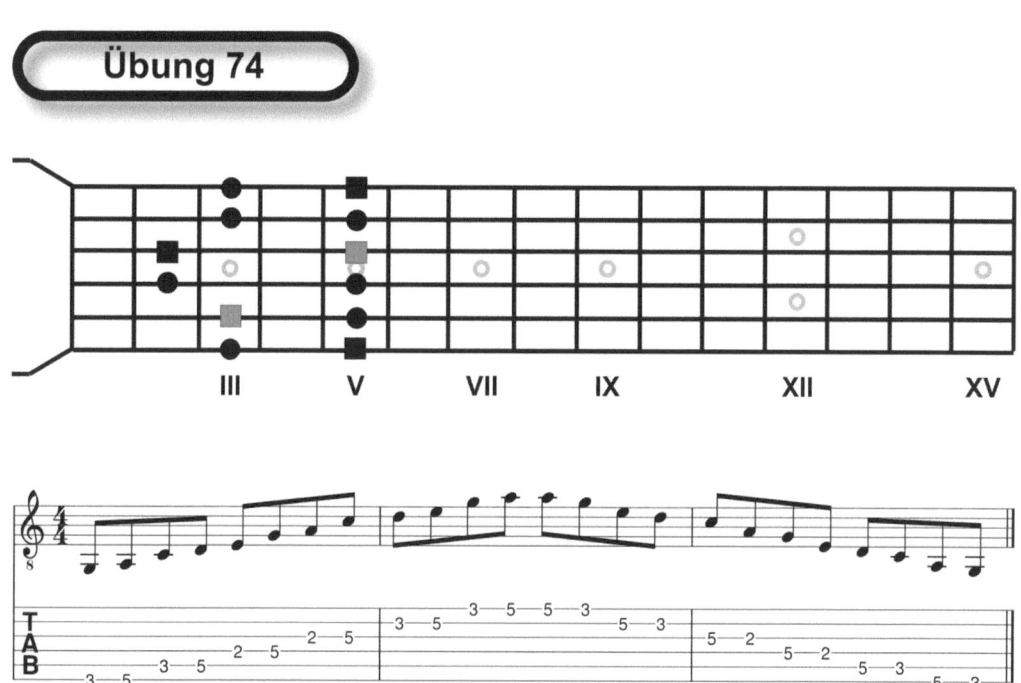

Wieder findest du wie bereits gewohnt in der obenstehenden Grafik folgende Orientierungsmarken:

■ = Grundton in Moll (der Ton „A", es handelt sich also um A-Moll)

■ = Grundton in Dur (in diesem Fall C, also C-Dur)

Selbstverständlich ist es auch möglich, diese Umkehrung eine Oktave höher im Anschluß an die dritte Umkehrung (also beginnend am 15. Bund) zu spielen!

Bitte beachte folgende Regeln, um die vierte Umkehrung richtig lokalisieren zu können:

Regel 1

Um über ein Stück in einer **MOLL** Tonart zu spielen suchst du zuerst die Grundstellung, dies geschieht durch Greifen des Grundtones mit dem mit dem **ZEIGEFINGER auf der tiefen E-Saite**. Wenn du diese gefunden hast, bewege dich auf der tiefen E-Saite um zwei Bünde abwärts und schon hast du den Startpunkt der vierten Umkehrung gefunden. Da diese jedoch mit dem zweiten Finger startet, tausche den Zeigefinger gegen den Mittelfinger aus, damit du mit dem richtigen Fingersatz loslegen kannst.

Alternativ ist es selbstverständlich auch möglich, dich von der Grundstellung aus durch alle Umkehrungen zu bewegen - der Endpunkt der dritten Umkehrung entspricht dem Anfangspunkt der neuen Position. Schneller bist du jedoch mit Sicherheit mit der zuerst genannten Möglichkeit.

Beispiele:

Die vorgegebene Tonart ist **A-Moll**:

Erster Schritt: Suche mit dem **ZEIGEFINGER auf der tiefen E-Saite** den Ton „A". Dieser befindet sich am fünften Bund. Somit hast du die Grundstellung gefunden.

Zweiter Schritt: Die vierte Umkehrung findest du nun zwei Bünde tiefer, also mit dem dritten Bund (zweiter Finger) beginnend.

Die vorgegebene Tonart ist **C#-Moll**:

Ester Schritt: Suche auf der **tiefen E-Saite** mit dem **Zeigefinger** den Ton C#. Dieser befindet sich am neunten Bund. Hier befindet sich also die Grundstellung für C#-Moll.

Zweiter Schritt: Bewege dich um zwei Bünde abwärts, also zum siebenten Bund. Hier startet die vierte Umkehrung. Von hier aus spielst du mit dem zweiten Finger beginnend die vierte Umkehrung.

Regel 2

So findest du die vierte Umkehrung einer Dur- Tonart:

Suche mit dem **kleinen Finger** auf der **tiefen E-Saite** den Grundton. Du befindest dich in der Grundstellung. Schau, wo dein Zeigefinger zu liegen kommt. Vom Zeigefinger bewegst du dich nun zwei Bünde tiefer, damit hast du den Startpunkt der vierten Umkehrung erreicht. Diese beginnt jedoch mit dem zweiten Finger. Tausche daher den Zeigefinger gegen den Mittelfinger aus und du befindest dich am richtigen Startpunkt für die vierte Umkehrung.

Beispiele:

Ein Song steht in **C- Dur**:

Suche mit dem kleinen Finger auf der tiefen E-Saite den Ton „C". Dieser befindet sich am 8. Bund. Die Grundstellung muss also mit dem kleinen Finger beginnend am 8. Bund auf der tiefen E- Saite eingenommen werden. Der Zeigefinger kommt dadurch am fünften Bund zu liegen. Vom fünften Bund bewegst du dich zwei Bünde tiefer, also auf den dritten Bund. Hier startet die vierte Umkehrung, beginnend mit dem Mittelfinger auf der tiefen E- Saite.

Improvisation in **Eb- Dur**:

Suche mit dem kleinen Finger auf der tiefen E-Saite den Ton „Eb". Dieser befindet sich am elften Bund. Die Grundstellung muss mit dem kleinen Finger beginnend am elften Bund eingenommen werden, dadurch kommt der Zeigefinger um achten Bund zu liegen. Du gehst also vom achten Bund zwei Bünde abwärts zum sechsten Bund. Setze nun den Mittelfinger auf den 6. Bund. Du befindest dich am Startpunkt der vierten Umkehrung in Eb- Dur.

Nun folgen die ersten Licks mit der vierten Umkehrung.

Zum Einstieg ein kurzes Lick das gut in einen Rock Song passen würde.

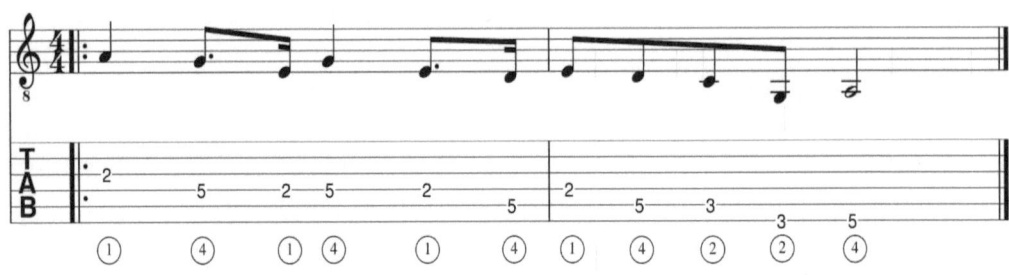

Übung 75a

Nochmal dieses Lick, jedoch eine Oktave höher:

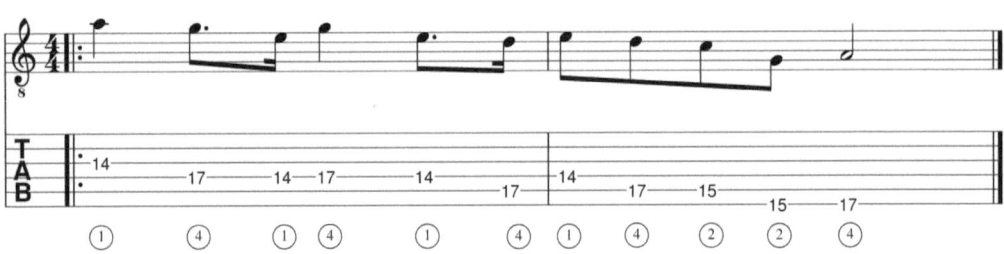

Das schnelle Finden der Oktave der vierten Umkehrung ist mit einer einfachen „Rechnung" kinderleicht:
Auf der Gitarre entspricht eine Oktave den Abstand von zwölf Bünden. Daraus lässt sich ableiten, dass die oktavierte Position um zwölf Bünde höher starten muss.

.
Beispiel: *A-Moll*
Die Grundstellung befindet sich am fünften Bund, die vierte Umkehrung findest du zwei Bünde tiefer, sie beginnt also am dritten Bund. Die Oktave der vierten Umkehrung befindet sich zwölf Bünde höher, daher ist diese am fünfzehnten Bund positioniert..

Übung 76

Diesmal ein Lick mit Dur - Charakter. Dieser entsteht dadurch, dass der Anfangston und auch der Endton dem Grundton der Dur-Pentatonik (in diesem Fall der Note „C") entspricht.

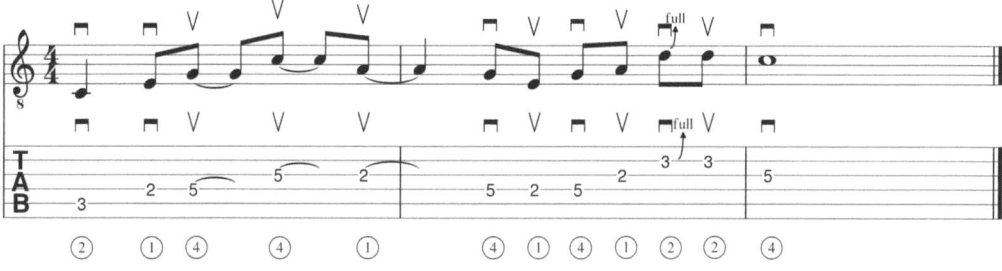

Übung 77

Ein Lick bei dem du nur mit zwei Fingern brauchst. Beim Wechsel zwischen den Saiten ist es von Vorteil, den entsprechenden Finger immer gleich über beide Saiten zu legen und mittels „Abroll-Technik" die Noten zum Klingen zu bringen.

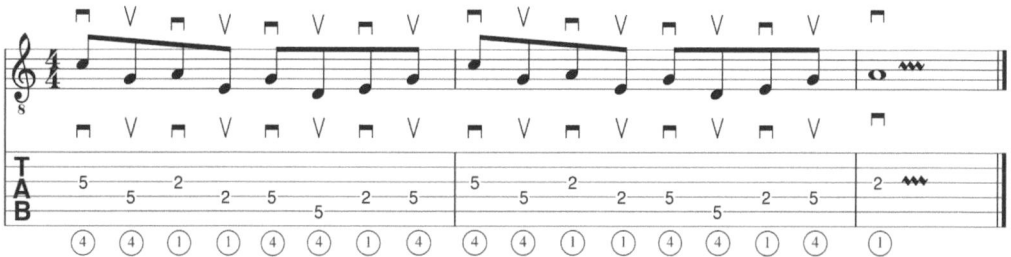

Beginn der Übung 77:

Der vierte Finger liegt über der G- und D- Saite, drückt sie jedoch nicht gleichzeitig hinunter. Durch"Abrollen" des Fingers werden die Saiten nacheinander einzeln zum Klingen gebracht.

Übung 78

Übung 78 ist ein Lick, das mit so genannter Tremolo - Technik gespielt wird. Dabei sollen die Töne so schnell wie möglich angeschlagen werden. Die Notendauer (halbe Note, Viertelnote etc.) muss dabei aber genau eingehalten werden. Versuche zuerst, die kleine Melodie ein paar Mal ohne Tremolo- Technik zu spielen und merke dir den Verlauf der Töne. Im Anschluß daran versuche, das Lick mit der Tremolo - Technik zu lösen. Wenn du den Beginn jedes Notenwertes durch stärkeres Anschlagen betonst, fällt es dir leichter, die Notenlängen genau einzuhalten.

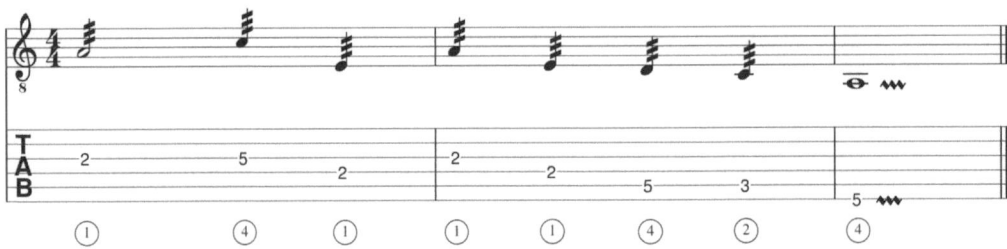

Wenn dir das schnelle Anschlagen Probleme bereitet, kann ich dir mein Buch „Building Speed" empfehlen. Mit diesem Buch kannst du sehr viele Techniken erarbeiten, die für ein sauberes und schnelles Spielen unerlässlich sind. Aber auch sehr grundlegende Dinge, wie etwa die optimale Plektrum-Haltung werden erörtert.
Zu diesem Buch gibt es über 400 gratis downloadbare Audioclips.

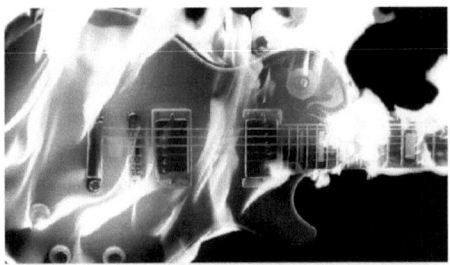

Bernd Kofler - Building Speed
ISBN: 9783739236230
104 Seiten, broschiert, € 16,90

Erhältlich im gut sortierten Buchhandel sowie in vielen Online-Stores

Hybrid Picking

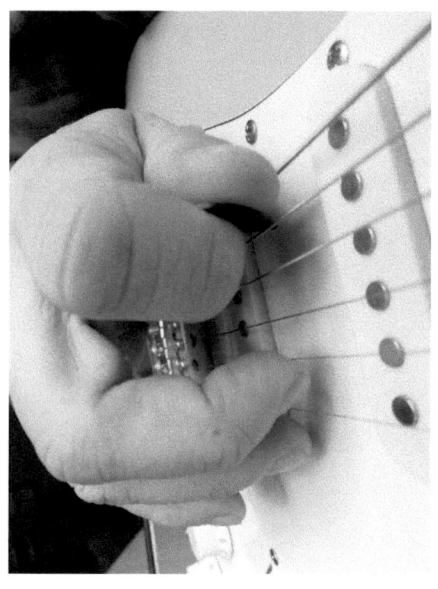

Die Hybrid-Picking Technik wird dazu verwendet, zwei (oder mehrere) Saiten gleichzeitig anzuschlagen um große Sprünge mit der Anschlaghand zu vermeiden.

Dabei wird die tiefere Note mit dem Plektrum angeschlagen und gleichzeitig (bzw .abwechselnd) mit dem Mittel- oder Ringfinger eine weitere Saite angeschlagen. Ob du lieber den Mittel- oder Ringfinger verwendest steht dir frei, dafür gibt es keine Regel.
Der Vorteil dieser Spieltechnik besteht darin, dass du neue Sounds kreieren kannst.

Hybrid- Picking wird häufig in Country Musik verwendet, findet aber auch immer wieder in Rocksongs Verwendung

Übung 79

Ein Beispiel mit gleichzeitigem Anschlag. Lass dir Zeit, damit sich deine Hände an diese neue Technik gewöhnen!

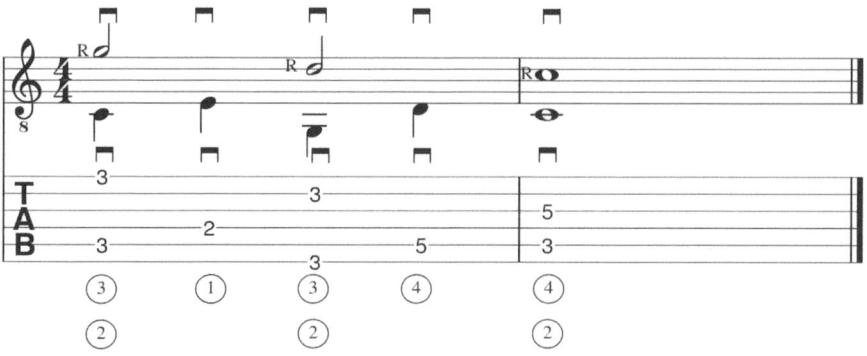

Übung 80

Bei dieser Übung merkst du den Vorteil der Hybrid - Picking Technik bei abwechselndem Anschlag. Versuche diese Übung auch mal ohne Hybrid-Picking mit „herkömmlichen" Alternate - Picking und du kannst feststellen, wie viel Mehrarbeit das für deine Anschlagshand bedeutet!

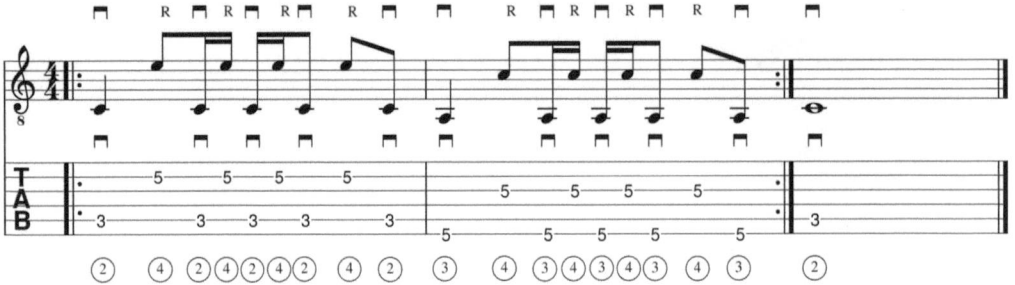

Übung 81

Nun werden abwechselnder und gleichzeitiger Anschlag gemischt. Die vorletzte Note kannst du mit einem Downstroke über zwei Saiten spielen. Um diese Notengruppe mit Hybrid-Picking sauber interpretieren zu können ist der Abstand zwischen den Saiten zu eng, da dein Pick Richtung G-Saite ausschwingt, dein Finger jedoch Richtung D-Saite. Somit ist ein sauberes Ausschwingen der Saiten nicht gewährleistet.

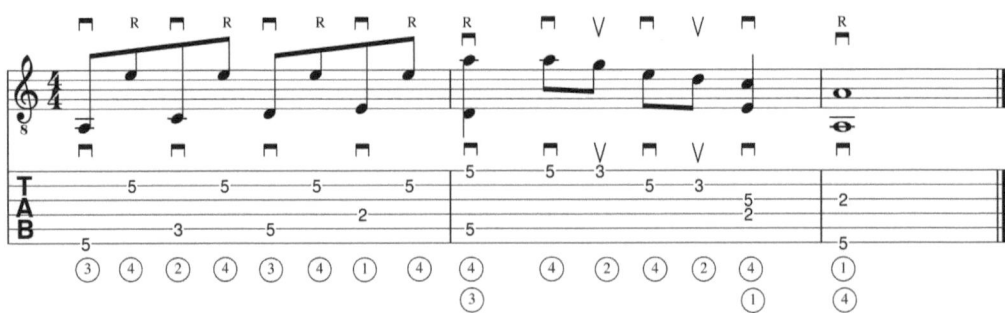

Übung 82

Es folgt en kleines Blues Stück mit der vierten Umkehrung. Hybrid - Picking inklusive.

Die vierte Umkehrung besteht aus folgenden Tönen:

G - A - C - D - E

Wenn du wie in den vorangegangenen Kapiteln wieder die tiefste Note um eine Oktave erhöhst, passiert folgendes:

G - A - C - D - E - A

Du hast den Ausgangspunkt, nämlich die Grundstellung wieder erreicht!

A - C - D - E - G

Nun kennst du alle fünf pentatonischen Positionen am Griffbrett. Wenn du alle Positionen gemeinsam auf dem Griffbrett anschaust, dann siehst du, dass diese das gesamte Griffbrett abdecken.

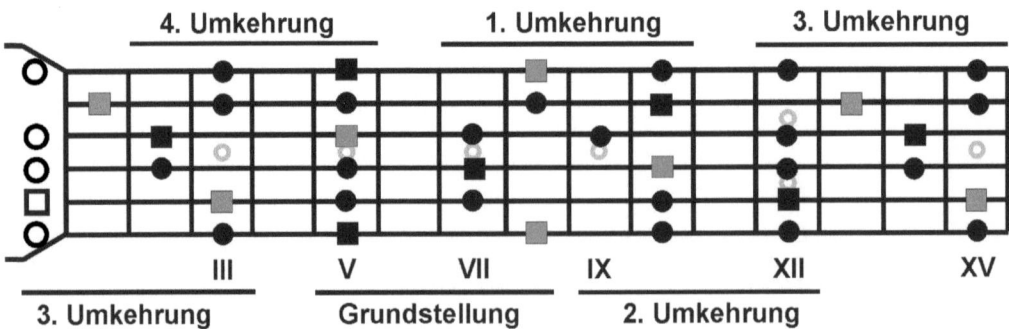

Kapitel

6

Horizontal

Aus Gründen der Übersicht haben wir die Pentatonik in fünf Abschnitte ge-teilt und vertikal über das Griffbrett erarbeitet. In solchen kleinen Abschnitten lässt sich das Material gut erfassen und verarbeiten.

Oft hört man Gitarristen bei ihren Soli die Pentatonik in einem dieser vertikalen Abschnitten spielen, dann wechseln sie zum nächsten Abschnitt, spielen dort weiter, wechseln wieder und so weiter. Das kann dazu führen, dass die Soli nicht rund und wie „aus einem Guss" klingen, weil der Wechsel in eine neue Position den Spielfluss unterbricht. Um hier gegenzusteuern ist es eine gute Idee, die Pentatonik auch aus einem anderen Blickwinkel zu betrachten.

Anstatt in vertikaler Richtung zu denken, werden wir die Pentatonik nun horizontal aufarbeiten. Im „Pentatonic Workbook" findest du im entsprechen-den Kapitel bereits einige Denkansätze und nützliche Übungen zu dieser Herangehensweise.

Viele meiner Schüler berichten, dass sie Anfangs damit Schwierigkeiten hat-ten, bei horizontalen Bewegungen am Griffbrett sofort zu sehen, in welchen der fünf Pattern sie sich gerade befinden. Durch gezielte Übungen kann man dieses Problem in den Griff bekommen. Dazu empfiehlt es sich, mit Verbin-dungsübungen von nur zwei Positionen zu beginnen und diese dann auf mehrere Umkehrungen auszuweiten.

Wir beginnen mit folgender Situation:

Ausgangspunkt ist die Grundstellung, unser Ziel ist die dritte Umkehrung. Wir verknüpfen diese beiden Positionen über die G-Saite.

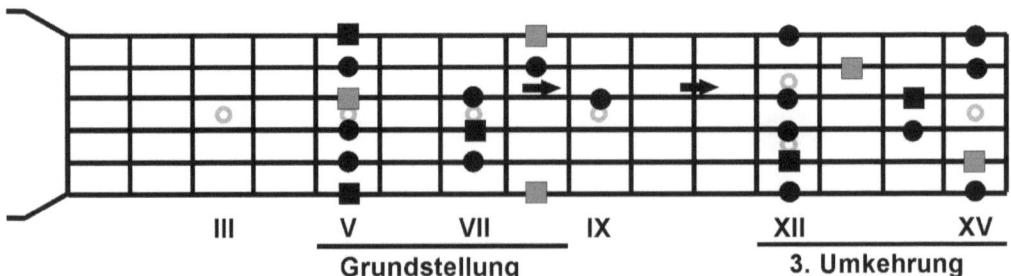

Wenn du dir die Grafik betrachtest wirst du erkennen, dass sich zwischen diesen beiden Positionen auf der G-Saite lediglich eine Note befindet. Diese werden wir als Verbindungspunkt bei der nächsten Übung wählen.

Übung 83

Hier wird nun die Grundstellung und die dritte Umkehrung über die G-Saite mit Slides verbunden. Dadurch wird der Tonumfang auf drei Oktaven ausgeweitet.

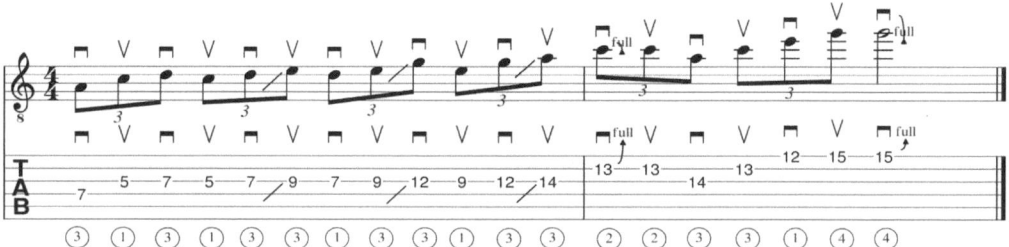

Übung 84

Von der dritten Umkehrung über die G-Saite abwärts zur Grundstellung.

Wir bleiben beim Beispiel der Verbindung zwischen der Grundstellung und der dritten Umkehrung. Diesmal sehen wir uns an, was auf den beiden dünnsten Saiten passiert. Beide haben den Verbindungspunkt am zehnten Bund.

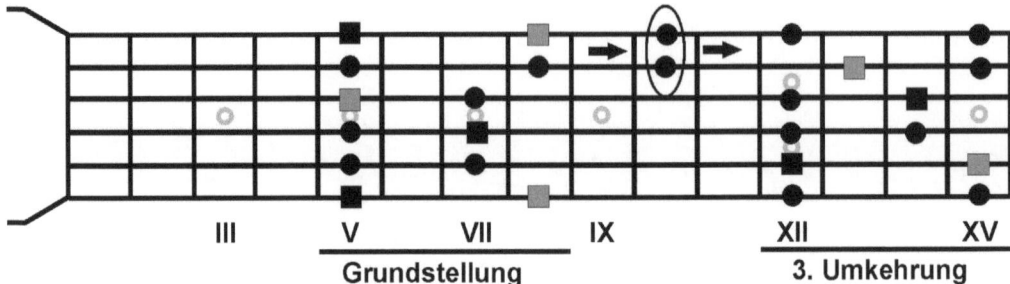

Dazu gleich eine passende Übung:

Die Übergänge zwischen den einzelnen Lagewechsel werden bei diesem Beispiel mit Slides durchgeführt. Weil es in diesem Kontext praktikabler ist startet dieses Lick in der dritten Umkehrung mit dem Fingersatz 1 und 3 statt 4 und 2.

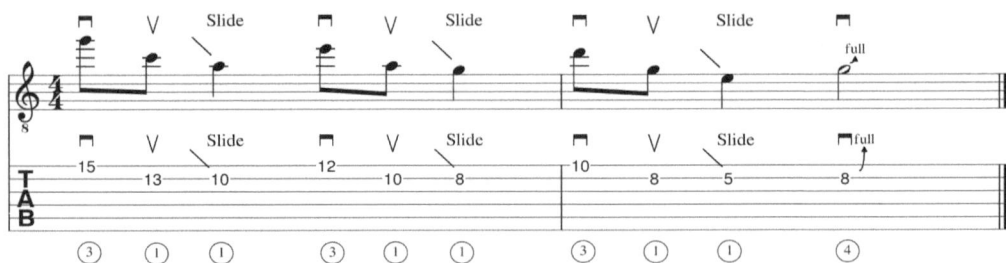

Projekt:

Improvisiere zu einem Jamtrack mit der Pentatonik. Versuche dabei, die Grundstellung wie in den vorigen Beispielen gezeigt über die drei dünnen Saiten mit der dritten Umkehrung zu verbinden. Spiel einfach drauf los und lass dich inspirieren. Entwickle ein paar eigene Ideen, wie du am besten die beiden Positionen miteinander verknüpfen kannst. Sei kreativ und versuche, mit dem Notenmaterial Musik zu machen!

Nun werde ich dir ein paar coole Licks zeigen, die mehrere Positionen miteinander verbinden.

Übung 86

Dieses Lick startet in der vierten Umkehrung und bewegt sich durch alle Positionen. Du benötigst nur zwei Finger um es auf das Griffbrett zu zaubern, das macht dieses Lick leicht spielbar.
Versuche es auswendig zu lernen und in dein Repertoire zu übernehmen. Wenn du einen rasanten Lagewechsel in dein Spiel integrieren möchtest, dann kannst du es immer aus deinem Gedächtnis hervorkramen und es abfeuern.

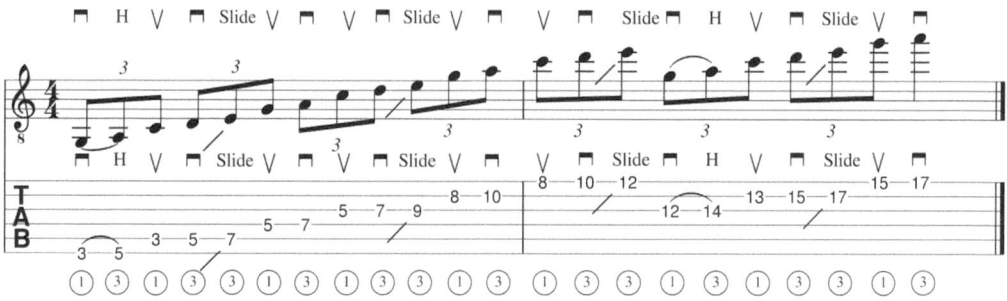

Hier noch ein kleiner Tipp, wie du das Lick in jeder Tonart sofort an die richtige Stelle setzen kannst:

Wenn du das Lick genau betrachtest, dann wirst du erkennen, dass die zweite Note des Licks der Grundton ist. Im oben gezeigten Beispiel steht das Lick in A-Moll, die Note „a" ist der zweite Ton.
Die Grundstellung von A-Moll ist am fünften Bund. Dieses Lick startet zwei Bünde tiefer als der Grundton, du findest die richtige Startposition, in dem du von der Grundstellung auf der tiefsten Saite mit dem Zeigefinger zwei Bünde nach unten rutscht.

Wenn du dieses Lick zum Beispiel in C#-Moll brauchst, findest du die Grundstellung von C#-Moll am neunten Bund (hier liegt der Grundton, die Note „C#"). Von diesem Punkt bewegst du dich zwei Bünde tiefer und du hast mit dem siebenten Bund den Startpunkt für obiges Lick gefunden.

Übung 87

Übung 87 bringt dir einen sehr interessanten Abwärts - Run, gespickt mit Pull offs und Slides.

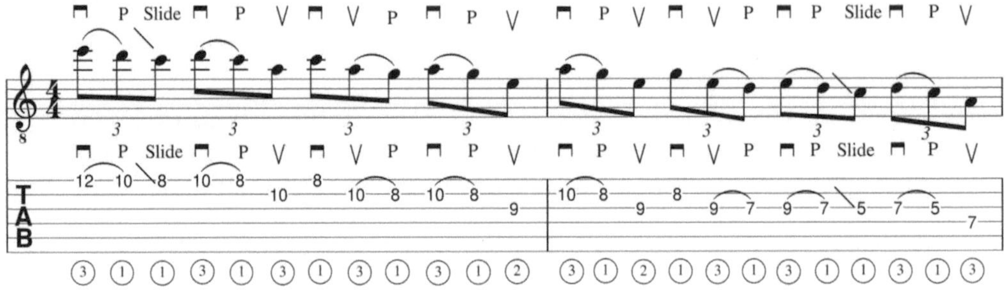

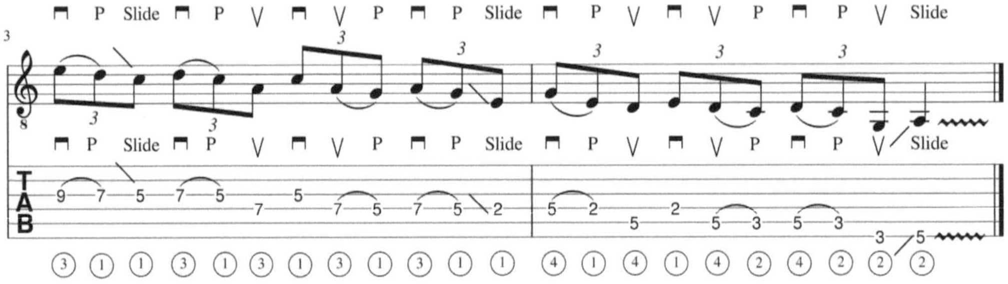

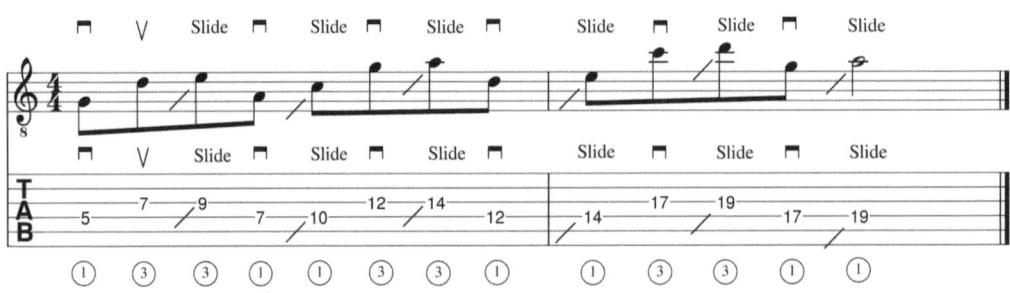

Übung 88

Ein Aufwärtslauf über zwei Saiten mit nur zwei Finger.

Übung 89

Übung 89 ist ein Abwärts-Lauf, bei dem sich immer drei Noten auf einer Saite mit zwei Noten auf der Nachbarsaite abwechseln. Auch bei diesem Lauf kommen nur zwei Finger zum Einsatz, dadurch wird ist Lick sehr angenehm und leicht spielbar.

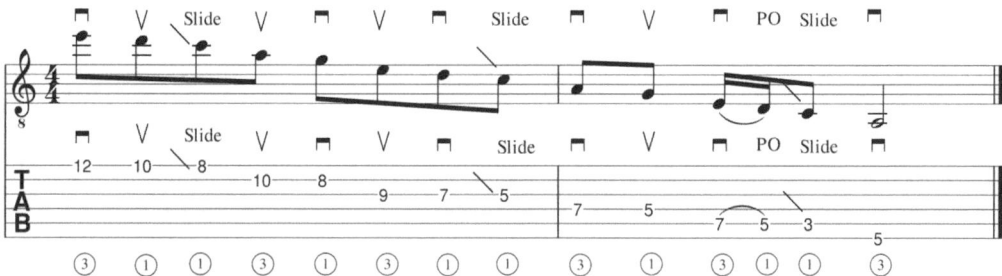

Übung 90

Eine Aufwärts-Sequenz, hierbei werden nur der Zeigefinger und der kleine Finger verwendet.

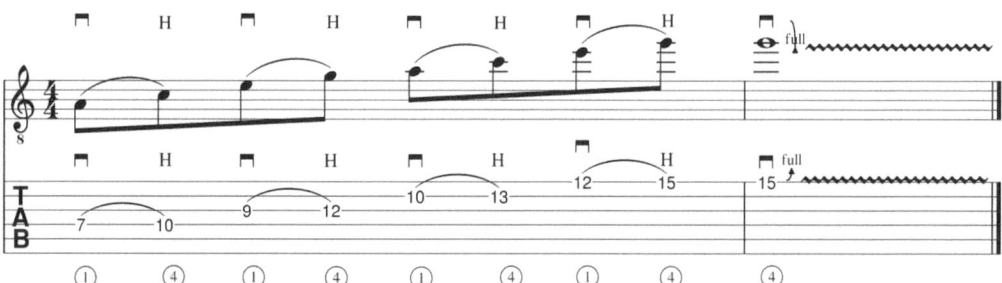

Übung 91

Ein Lick mit leeren Saiten:

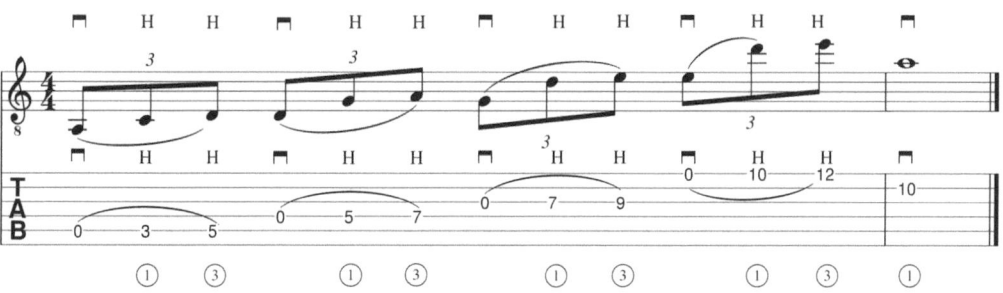

Übung 92

Es folgt zum Abschluss des Kaptiels ein Song:

Kapitel

7

Pentatonische Akkorde

Aus den Griffbildern der Pentatonik kannst du verschiedene Akkorde bilden. Diese werden allerdings nicht nach dem klassischen Prinzip der Terzenschichtung zusammengesetzt. Komfortable Spielbarkeit, leichte Erfassbarkeit und ein Klangbild, dass sich von dem der „herkömmlichen" Akkorden etwas unterscheidet, stehen dabei an erster Stelle.

Die Herangehensweise sei an Hand der folgenden Grafiken erklärt:

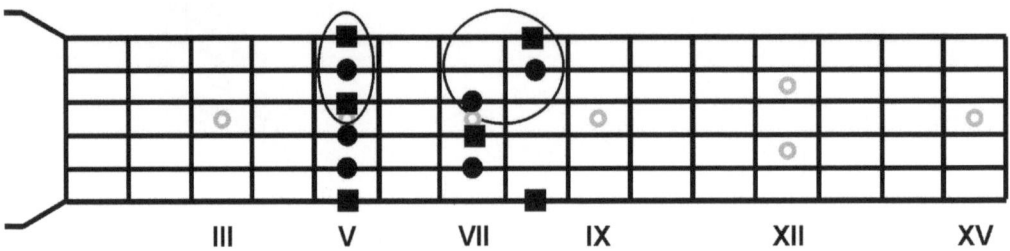

Die Akkorde entstehen durch das Zusammenfassen mehrerer Noten benachbarter Saiten in den einzelnen Griffbildern. Deiner Phantasie sind dabei keine Grenzen gesetzt:

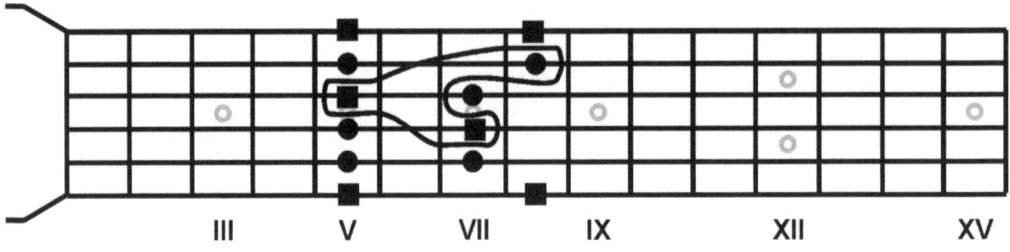

Eine akribisch genaue Aufstellung aller (unter der Voraussetzung einer „normalen" Fingerlänge) erreichbaren Möglichkeiten findest du in meinem „Pentatonik Workbook" im Kapitel „Akkorde".

Nun stellt sich dir vielleicht die Frage, wie denn all diese Akkorde heissen. Das ist jedoch nicht ganz so einfach zu erklären, da dabei immer Referenz auf den Grundton genommen werden muss.

Sehen wir uns dazu das folgende Beispiel an:

im **ersten Takt (a)** siehst du unseren Ausgangspunkt: ein zufällig gewählter Akkord aus der Grundstellung. Die Noten lauten: c, e, a (von der tiefsten zur höchsten Note)

Im **zweiten Takt (b)** liegt unter diesem Akkord der Grundton „A". Dieser dient nun als Namensgeber für den Akkord.
Die drei Noten im Akkord haben nun folgende Funktionen:
Note „c": Dies ist die kleine Terz zum Grundton, es handelt sich also um einen Mollakkord
Note „e": Das ist die Quint (die im A-Moll Dreiklang enthalten ist)
Note „a": Diese entspricht dem Grundton

Daher die Bezeichnung „A Moll" (**Am**)

Im **dritten Takt (c)** liegt der Akkord nun über dem Grundton „C". Die Funktionen der einzelnen Noten ändern sich dadurch wie folgt:
Note „c": Dies ist nun der Grundton
Note „e": Das ist die große Terz vom Grundton „C" und sagt uns, dass es sich um einen Dur-Akkord handelt.
Note „a": Diese ist die Sext in Relation zum Grundton „C" (Bezeichnung:"6").

Daher die Bezeichnung „**C6**"

Im **vierten Takt (d)** ändert sich wiederum der Grundton, diesmal ist es die Note „D". Der darüberliegende Akkord bleibt nach wie vor gleich.
Note „c": Das ist nun die kleine Septime vom Grundton. (Bezeichnung: 7)
Note „e": Das ist die neunte Note zu „D" (Bezeichnung:9)
Note „a": Das ist die Quint vom „D"

Dieser Akkord kann nun mehrere Bezeichnungen haben:

Möglichkeit 1: „D$^{7/9}$"
Die „7" (Note „c") und die „9" (Note „e") werden also als Zusatz angeführt. Da der Akkord keine Terz besitzt, muss es sich aber nicht unbedingt um einen Dur Akkord handeln, es könnte auch ein Moll Akkord sein. Daher:

Möglichkeit 2: Dm$^{7/9}$

Im **fünften Takt (e)** liegt der Ton „E" unter unserem Akkord und die Funktionen der Akkordtöne ändern sich abermals.
Note „c": Dabei handelt es sich um die übermäßige Quinte vom Grundton E (Bezeichnung (#5). Es könnte aber auch die kleine Sexte sein (Bezeichnung „b6").
Note „e": Dies ist der Grundton des Akkords
Note „a": Das ist die Quart oder wieder die „11" vom „E". Da der Akkord keine Terz besitzt könnte die Quart als sogenannter Vorhalt dienen, entstanden durch die vierte Note (Bezeichnung „sus4").

Daher gibt es nun verschiedene Möglichkeiten zur Benennung:

Möglichkeit 1: Em$^{11\#5}$
Möglichkeit 2: E^{11b6}
Möglichkeit 3: Em^{11b6}
Möglichkeit 4: E^{11b6}
Möglichkeit 5: E$^{sus4\#5}$
Möglichkeit 6: E^{sus4b6}

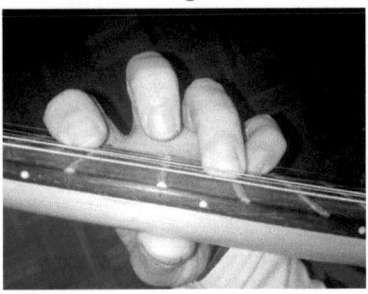

Das klingt nun alles sehr kompliziert und ist in der Tat eine komplexe Angelegenheit. Das ist auch die Begründung dafür, dass ich in diesem Kapitel weitestgehend von Akkordbezeichnungen Abstand nehme.

Da diese Akkorde alle aus den Noten der Pentatonik gebildet werden, passen sie natürlich immer über alle musikalischen Situationen, in denen du die Pentatonik verwenden kannst. Mach dir über die Namen und Akkordbezeichnungen nicht zu viele Gedanken und versuche eher auf die Klänge, Schwebungen und Stimmungen zu hören, die diese Akkorde produzieren.

Es folgen nun einige Beispiele mit Akkorden aus der Pentatonik:

Übung 93

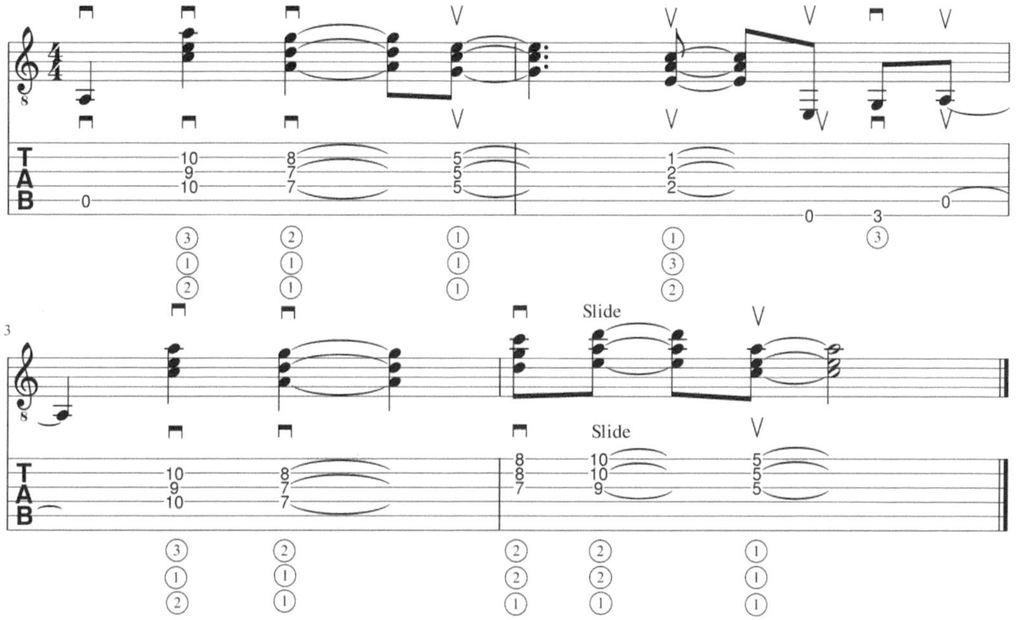

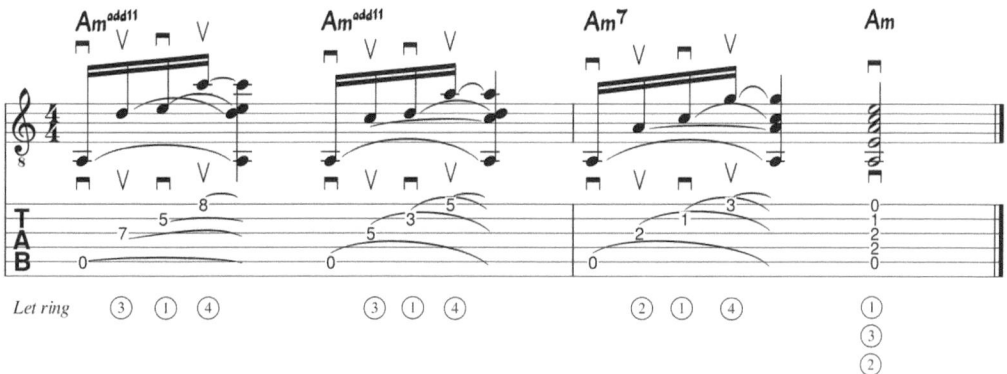

Übung 94

Bei diesem Beispiel werden die Töne der Akkorde zerlegt, also nicht gleichzeitig angeschlagen. Greife aber trotzdem keine Einzelnoten, sondern die Akkorde als ganze Griffe.

Übung 95

Dieses Beispiel startet mit einem langen Slide:

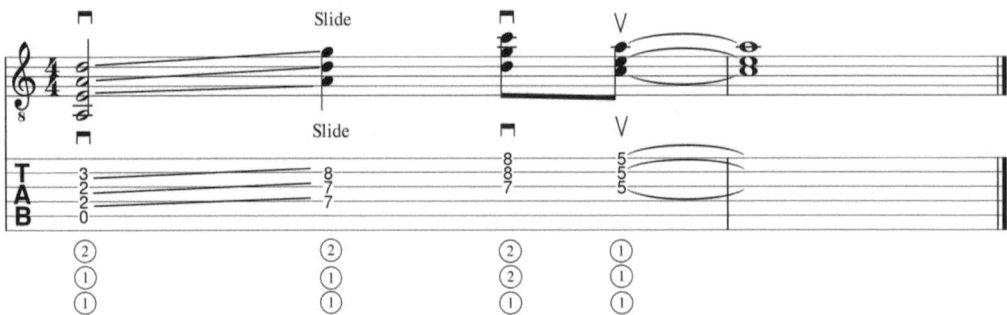

Übung 96

In diesem Beispiel sind die Akkorde mit Single-Note Linien kombiniert. Zusätzlich werden verschiedene Positionen integriert.

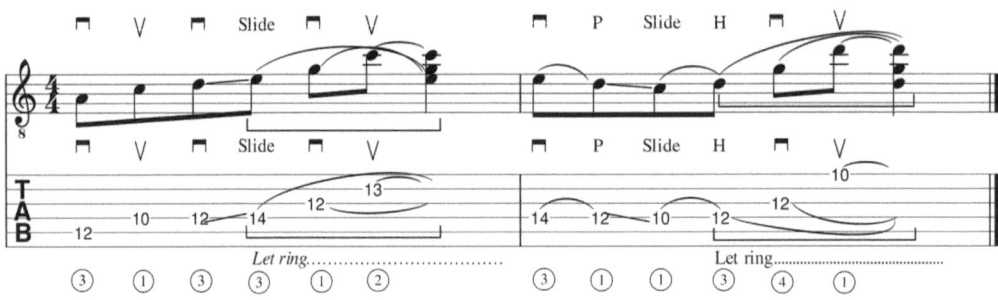

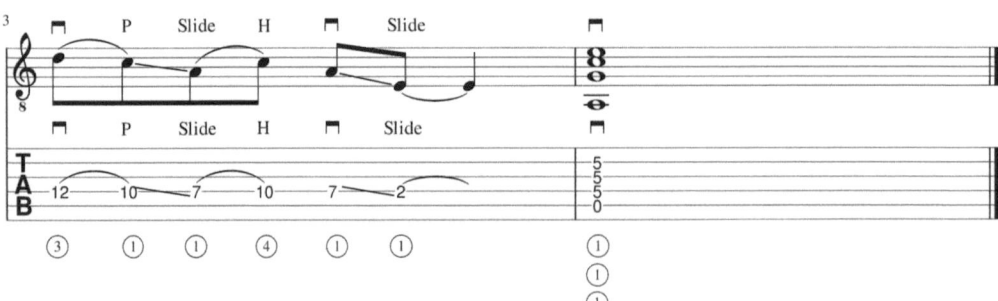

Kapitel

8

Theoretisches

Weitere Einsatzmöglichkeiten der Pentatonik

Es gibt viele Möglichkeiten, die Pentatonik einzusetzen. Zu den dir bereits bekannten Anwendungsmöglichkeiten gibt es noch eine ganze Reihe an Alternativen. Wir sehen uns an Hand des folgenden Beispiels eines Liedes in C-Dur neue Einsatzmöglichkeiten an:

Wie bereits im zweiten Kapitel erwähnt, entstehen durch Terzschichtung der C-Dur Tonleiter folgende Grundakkorde:

C - Dur (C)
D - Moll (Dm)
E - Moll (Em)
F- Dur (F)
G - Dur (G)
A - Moll (Am)
B (H) - halbvermindert (Bm7b5 bzw. Hm7b5)

Wenn diese Akkorde in wechselnder Folge in einem C-Dur Stück auftauchen, kannst du, wie du bereits weißt, über all diese Akkorde mit der C-Dur (A-Moll) Pentatonik solieren. Alle Noten schöpfen aus einer gemeinsamen Notenquelle, nämlich C-Dur.

Du kannst allerdings die Akkorde auch separat betrachten und über jeden Akkord die passende Pentatonik verwenden. Den halbverminderten Akkord grenzen wir der Einfachheit halber vorerst aus, dieser taucht in der Popularmusik auch nicht sehr häufig auf.

Das würde folgendes Ergebnis bringen:

C - Dur (C-Dur Penatonik, entspricht auch der A-Moll Pentatonik)
D - Moll (D-Moll Pentatonik, entspricht auch der F-Dur Pentatonik)
E - Moll (E-Moll Pentatonik, diese entspricht der G-Dur Pentatonik)
F- Dur (F-Dur Pentatonik, diese entspricht wiederum der D-Moll Pentatonik)
G - Dur (G-Dur Pentatonik, ist gleich E-Moll Pentatonik)
A - Moll (A-Moll Pentatonik, diese ist identisch mit der C-Dur Pentatonik)

Zusammengefasst ergibt das nun drei verschiedene Pentatoniken über C-Dur:

C-Dur/Amoll Pentatonik

F-Dur/D-Moll Pentatonik

G-Dur/E-Moll Pentatonik

Analyse der Noten dieser Möglichkeiten:

C-Dur/Amoll Pentatonik: c - d - e - g - a

F-Dur/D-Moll Pentatonik: f - g - a - c - d

G-Dur/E-Moll Pentatonik: g - a - b(h) - d - e

Wenn du dir diese Noten betrachtest, siehst du, dass alle Noten den Tönen der C-Dur Tonleiter entsprechen.

Alle Noten der drei resultierenden Pentatoniken übereinander gelegt ergeben die komplette C-Dur Tonleiter.

Somit ist es also möglich, über C-Dur **drei** verschiedene Pentatoniken zu spielen.

Da bei Dur und der paralell dazugehörigen Molltonleiter die Noten identisch sind, funktioniert dies natürlich bei Stücken in Moll ebenso.

Nun klingt diese Herangehensweise im ersten Moment vielleicht sehr komplex und du fragst dich vielleicht, wie du all diese Möglichkeiten im Auge behalten und in der Praxis auf Anhieb auffinden kannst.

Dazu kann dir bestimmt folgender Trick in Form eines Musters am Griffbrett helfen:

Herangehensweise bei einem Stück in Dur:

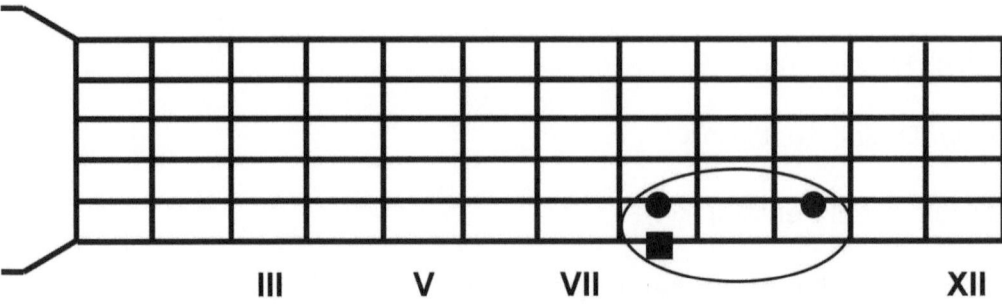

Schritt 1: Möglichkeit 1

Suche zuerst deinen Grundton, in unserem Fall die Note „C". Die beiden „neuen" Möglichkeiten kannst du unter zu Hilfenahme dieses Griffbildes ableiten.

Die erste mögliche Pentatonik entspricht **IMMER dem Grundton**, also C-Dur Pentatonik über ein Stück in C-Dur.

Schritt 2: Möglichkeit 2

Die zweite mögliche Pentatonik entspricht **IMMER dem Ton**, der auf der A-Saite **exakt über dem Grundton** liegt.
In unserem Beispiel ist das die Note „F". Diese weist uns darauf hin, dass es möglich ist, die F-Dur Pentatonik auch zu verwenden.

Schritt 3: Möglichkeit 3

Die letzte Möglichkeit zeigt uns der Ton an, der auf der **Nachbarsaite zwei Bünde** höher als unser Grundton (E-Saite 8. Bund, Ton „C") liegt. Das wäre in diesem Fall auf der A-Saite der zehnte Bund, also die Note „G".
Die G-Dur Pentatonik ist also die dritte Möglichkeit, über in Stück in C-Dur zu spielen.

Um diese Punkte schnell lokalisieren zu können, präge dir die oben dargestellte Grafik ein!

Herangehensweise bei einem Stück in Moll:

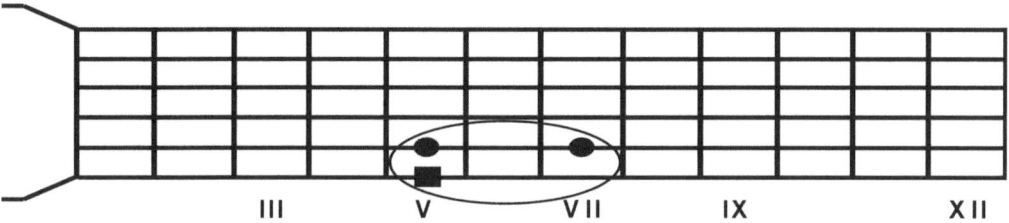

Schritt 1: Möglichkeit 1

Suche zuerst deinen Grundton, in unserem Fall die Note „A". Die beiden „neuen" Möglichkeiten kannst du unter zu Hilfenahme dieses Griffbildes ableiten.

Die erste mögliche Pentatonik entspricht **IMMER dem Grundton**, also A-Moll Pentatonik über ein Stück in A-Moll.

Schritt 2: Möglichkeit 2

Die zweite mögliche Pentatonik entspricht **IMMER dem Ton**, der auf der A-Saite **exakt über dem Grundton** liegt.
In unserem Beispiel ist das die Note „D". Diese weist uns darauf hin, dass es möglich ist, die D-Moll Pentatonik ebenso zu verwenden.

Schritt 3: Möglichkeit 3

Die letzte Möglichkeit zeigt uns der Ton an, der auf der **Nachbarsaite zwei Bünde** höher als unser Grundton (E-Saite 5. Bund, Ton „A") liegt. Das wäre in diesem Fall auf der A-Saite der siebente Bund, also die Note „E".
Die E-Moll Pentatonik ist also die dritte Möglichkeit, über in Stück in A-Moll zu spielen.
Die Punkte entsprechen dem optischen Muster des vorangegangen Beispiels in Dur. Du brauchst dir also nur dieses eine Muster zu merken, es funktioniert in Dur und Moll gleichermaßen!

Übung 97

Bei diesem Beispiel dient C-Dur als Grundlage und es werden die C-Dur, F-Dur und G-Dur Pentatonik kombiniert. Fällt dir auf, dass im zweiten und im dritten Takt ein identisches Lick verwendet wird? Dieses wird von der F-Dur Pentatonik zur C- Dur Pentatonik verschoben. Ein bißchen nach dem Motto: „Einmal gelernt, zweimal verwendet".

Der Zuhörer empfindet solche Linien zumeist als sehr angenehm, da er mit etwas Vertrauten (dem zuerst, im zweiten Takt gehörten Lick) nochmals (im dritten Takt) konfrontiert wird. Spieltechnisch ist es auch einfacher, da du dein Lick nur verschiebst. Das soll aufzeigen, wie du mit bereits erlernten Material deine Möglichkeiten wesentlich ausweiten kannst.

Das kannst (und solltest) du übrigens bei Gelegenheit mit allen dir bekannten Licks versuchen.

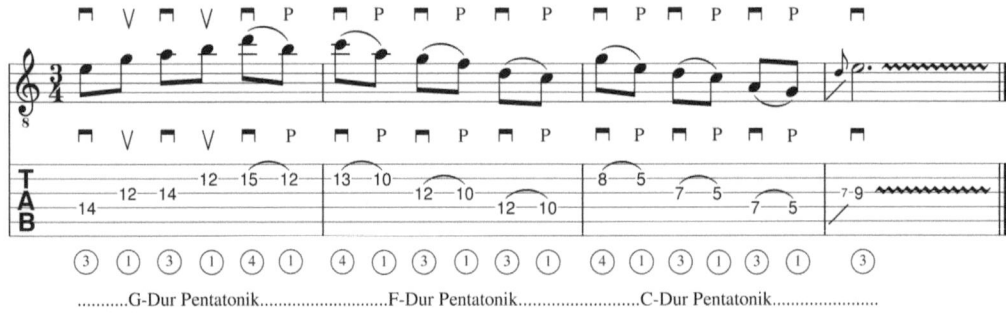

Übung 98

Hier arbeiten nun drei Moll Pentatoniken im Verbund.

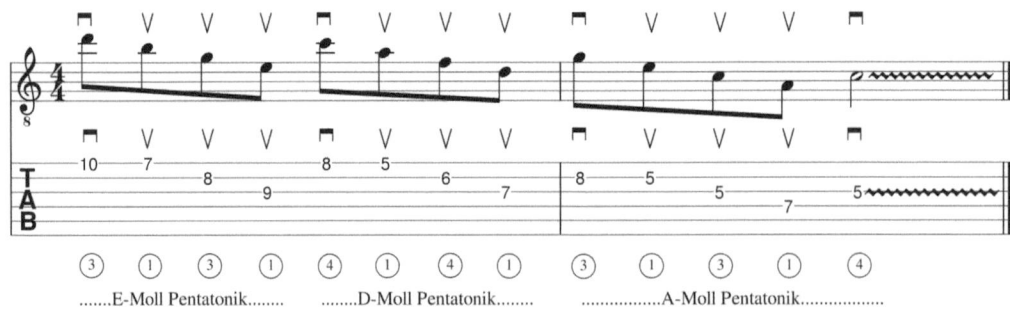

Übung 99

Es folgt ein Beispiel in C-Dur. Alle drei möglichen Pentatoniken kommen zum Einsatz.

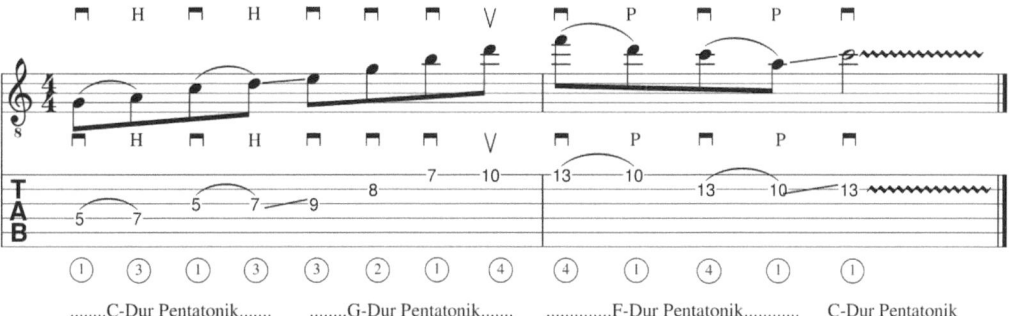

........C-Dur Pentatonik.......   ....G-Dur Pentatonik.......   ....F-Dur Pentatonik............   C-Dur Pentatonik

Übung 100

Dieses Lick beginnt mit der A-Moll Pentatonik, bewegt sich über die D-Moll und E-Moll Pentatonik wieder zurück zu der Skala, die am Start verwendet wurde. Für diese wird nun eine andere Umkehrung verwendet. Das ist unter anderem sinnvoll, wenn du in einem Solo fließende Übergänge zwischen den einzelnen Lagen erreichen möchtest.

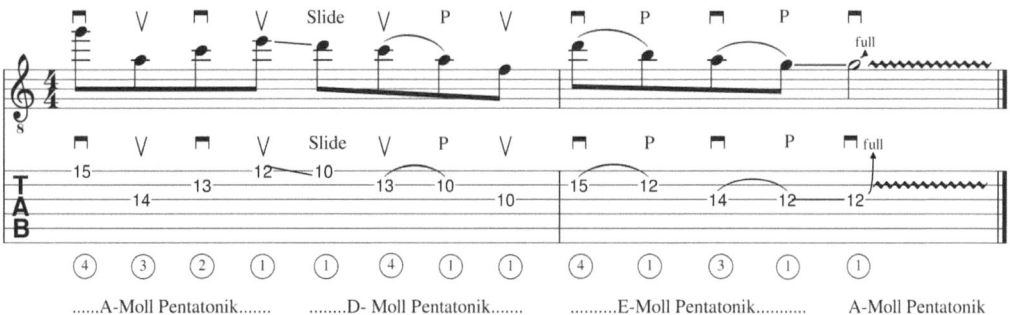

......A-Moll Pentatonik.......   ....D- Moll Pentatonik.......   ....E-Moll Pentatonik...........   A-Moll Pentatonik

Pentatonik und Modes

Als herangehender Gitarrist war es eines meiner wichtigsten Ziele, beim Spielen in jeder denkbaren musikalischen Situation „mithalten" zu können. Anfangs hatte ich mich wie viele andere Beginner sehr viel mit Blues und Rock beschäftigt und hatte immer sehr viel Respekt davor, wenn es dazu kam, über Jazz-Standards zu improvisieren. Ich bewunderte damals immer die Leute, die über diese teilweise sehr komplexen musikalischen Strukturen scheinbar mühelos solieren konnten. Nach über vierzig Jahren intensiver Beschäftigung mit der Gitarre und mit Musikthorie gehöre ich heute selbst zu den „alten Hasen", die eigentlich so gut wie jeder musikalischen Situation gewachsen sind.

Rückblickend auf meinem eigenen Weg als Musiker war die intensive Auseinandersetzung mit den sogenannten Modes (Kirchentonleitern) eines der wichtigsten Dinge, dich mich im Verstehen von den Grundlagen der Musik und in meiner musikalischen Entwicklung voran brachten.

Daher also mein gut gemeinter Tipp an dich: **Lerne alles über Modes!**

Befrage dazu einen professionellen Gitarrelehrer, besorge dir gute Bücher zu dieser Thematik oder informiere dich im Internet.

Bei diesem dir vorliegenden Buch handelt es sich um ein Werk über die Pentatonik, es ist kein Theoriebuch. Das Thema Modes ist zu umfangreich, um es an dieser Stelle ausführlich zu erörtern. Wenn du dich jedoch damit schon befasst hast, kann ich dir auf den folgenden Seiten ein paar interessante Tipps geben, wie du die Pentatonik bei den verschiedenen Modes einsetzen kannst.

Dieses Buch ist für Anfänger als auch für bereits fortgeschrittene Gitarristen gedacht. Wenn du musiktheoretisch noch nicht so weit bist, um das nun folgende nutzen zu können, so bitte ich dich, dies als Referenz für später zu betrachten, auf die du eines Tages, wenn du in deiner musikalischen Entwicklung weiter fortgeschritten bist, zurückgreifen kannst.

Mode 1: Ionisch

Die Ionische Tonleiter entspricht der herkömmlichen Durtonleiter. Die Halbtonschritte sitzen zwischen der dritten und der vierten sowie zwischen der siebenten und achten Note.

Die ionische Tonleiter in C sieht daher folgendermaßen aus:

Mit der Pentatonik kann man interessante Sounds erzeugen, wenn man diese richtig einzusetzen weiß.

Folgende drei Pentatoniken können über C-Ionisch gespielt werden:

* die Dur Pentatonik vom Grundton (=C-Dur Pentatonik)
* die Dur Pentatonik der 4. Note (= F-Dur Pentatonik)
* die Dur Pentatonik der 5. Note (= G-Dur Pentatonik

Übung 101

Dieses Beispiel verwendet die G-Dur Tonleiter über den Akkord Cmaj7.

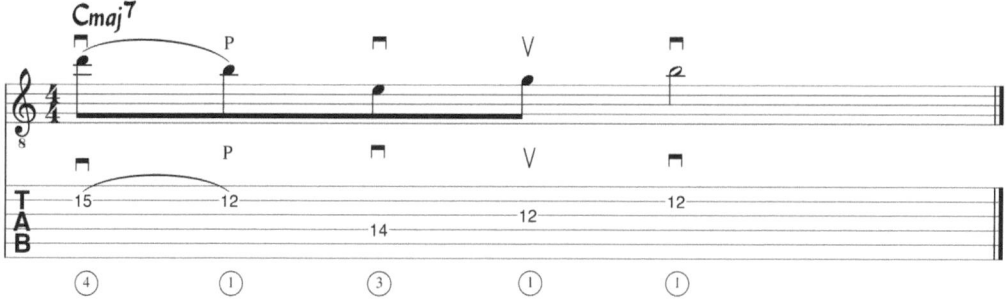

Mode 2: Dorisch

Die dorische Tonleiter ist eine Moll-Tonleiter, weil sie eine kleine Terz beinhaltet. Die Halbtonschritte sitzen zwischen der zweiten und der dritten sowie zwischen der sechsten und siebenten Note.

Die Tonleiter D-Dorisch beinhaltet alle Noten der C-Dur Tonleiter, allerdings wird sie von D zu D gespielt. Dadurch entsteht ein völlig differentes Klangbild, das nichts mehr mit dem Klang der C-Dur Tonleiter zu tun hat, obwohl sie die selben Noten verwendet. Der somit entstehende akustische Effekt hat seinen Ursprung darin, dass die Schwerpunkte und Betonungen durch die Verschiebung nun gänzlich andere sind.
Sie sieht so aus:

Folgende drei Pentatoniken können über D-Dorisch gespielt werden:

* die Moll Pentatonik vom Grundton (=D- Moll Pentatonik)
* die Moll Pentatonik der 2.Note (= E-Moll Pentatonik=einen Ganzton rauf)
* die Moll Pentatonik der 5. Note (= A-Moll Pentatonik)

Übung 102

Im Stil von David Gilmour, D-Moll und E-Moll Pentatonik wechseln sich ab.

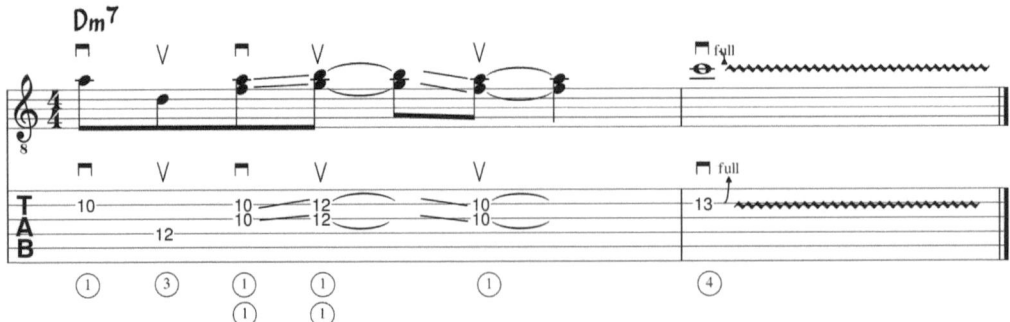

Mode 3: Phrygisch

Phrygisch ist ein Moll Modus, der mit einem Halbtonschritt beginnt. Dadurch bekommt diese Tonleiter für ein mit westlicher Musik geschultes Gehör einen etwas orientalisch klingenden Touch.

Die Verteilung der Halbtonschritte ist folgendermaßen:

Die findest diese zwischen der ersten und der zweiten sowie zwischen der fünften und sechsten Note.

Für E-Phrygisch kannst du folgende Pentatoniken verwenden:

* die Moll Pentatonik vom Grundton (=E- Moll Pentatonik)
* die Moll Pentatonik der 5. Note (= A-Moll Pentatonik)
* die Moll Pentatonik der 7. Note (= D-Moll Pentatonik), rechne dabei einfach einen Ganztonschritt vom Grundton runter

Übung 103

Dieses Beispiel startet mit der E-Moll Pentatonik, bewegt sich einen Ganzton tiefer und kehrt wieder in die Ausgangsposition zurück.

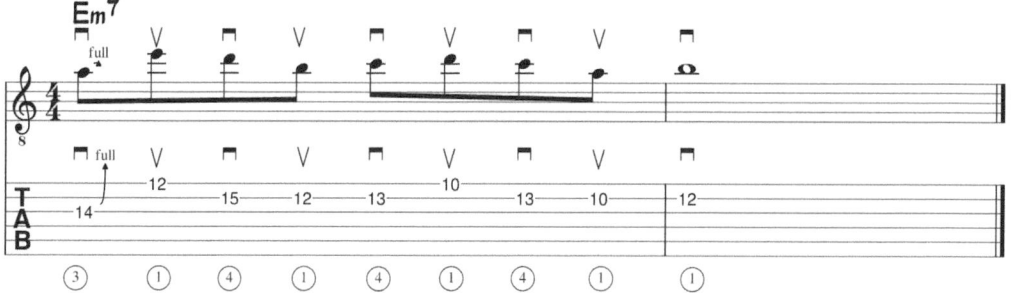

Mode 4: Lydisch

Bei der lydischen Tonleiter handelt es sich wieder um einen Dur Modus. Von der ionischen Tonleiter unterscheidet sie sich durch eine erhöhte vierte Stufe. Lydisch hat einen etwas „offenen" Klang, der durch die Reibung der vierten und fünften Note und der damit verbundenen leicht dissonanten Schwebung sehr interessant ist. Die erhöhte vierte Note steht im Abstand von einem Tritonus zum Grundton, auch das macht das Klangbild spannend.

Hier findest du die Halbtonschritte:

Zwischen vierten und fünften und zwischen der siebenten und achten Note.

Folgende drei Pentatoniken kannst du über F-Lydisch spielen:

* die Dur Pentatonik vom Grundton (=F-Dur Pentatonik)
* die Dur Pentatonik der 2. Note (= G-Dur Pentatonik, = Ganzton höher)
* die Dur Pentatonik der 5. Note (= C-Dur Pentatonik)

Übung 104

F-Dur und G-Dur Pentatonik wechseln sich ab.

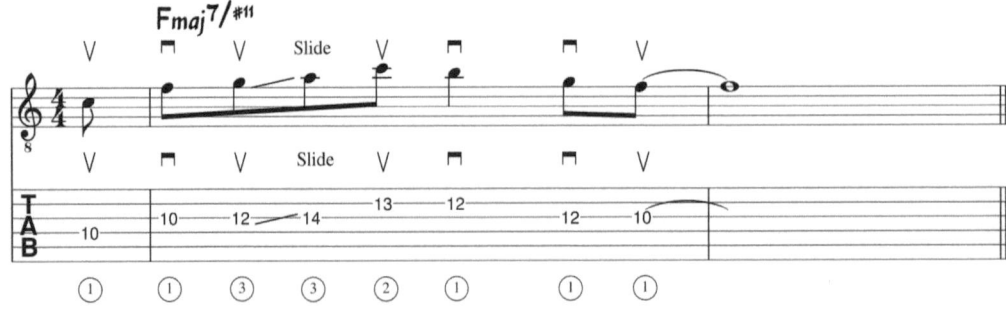

Mode 5: Mixolydisch

Der „Rock'n roll Sound" unter den Modes. Diese Skala wird auch gerne im Blues verwendet und passt über jeden Dominant Akkord.

So sind die Halbtonschritte in der mixolydischen Tonleiter verteilt:

Zwischen der dritten und vierten und zwischen der sechsten und siebenten Note.

Folgende drei Pentatoniken passen über G Mixolydisch:

* die Dur Pentatonik vom Grundton (=G-Dur Pentatonik)
* die Dur Pentatonik der 4. Note (= C-Dur Pentatonik)
* die Dur Pentatonik der 7. Note (= F-Dur Pentatonik, = 1 Ganzton tiefer)

Übung 105

Diese Übung könnte ein Lick aus einem Country- oder Blues Stück sein. Dabei slidest du zwischen der G-Dur und der F-Dur Pentatonik hin und her.

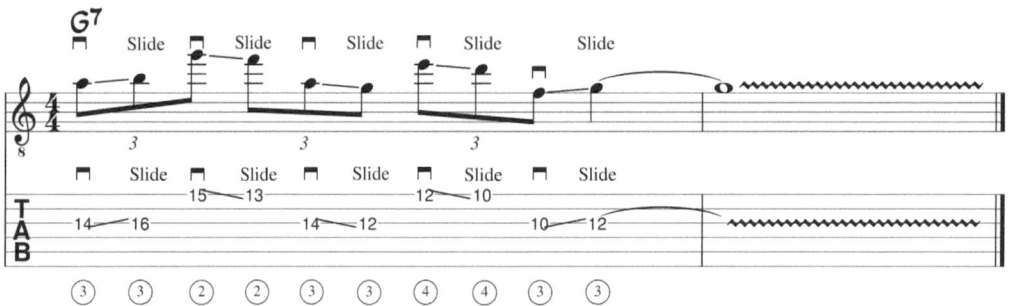

Mode 6: Aeolisch

Für eine Auftragskomposition für die Titelmusik zu einem traurigen Film würde ich als erste Wahl den aeolischen Modus verwenden. Während Dorisch eher „funky" klingt, hat das aeolische Klangbild doch ein etwas melancholischeres Potential.

Hier findest du die Halbtonschritte:

Zwischen zweiter und dritter sowie fünfter und sechsten Note.

Folgende drei Pentatoniken kannst du über A-Aeolisch spielen:

* die Moll Pentatonik vom Grundton (=A- Moll Pentatonik)
* die Moll Pentatonik der 4.Note (= D-Moll Pentatonik=einen Ganzton rauf)
* die Moll Pentatonik der 5. Note (= E-Moll Pentatonik)

Übung 106

Dieses Lick startet mit der E-Moll Pentatonik, wandert einen Ganzton runter zur D-Moll Pentatonik um schließlich in der A-Moll Pentatonik zu enden.

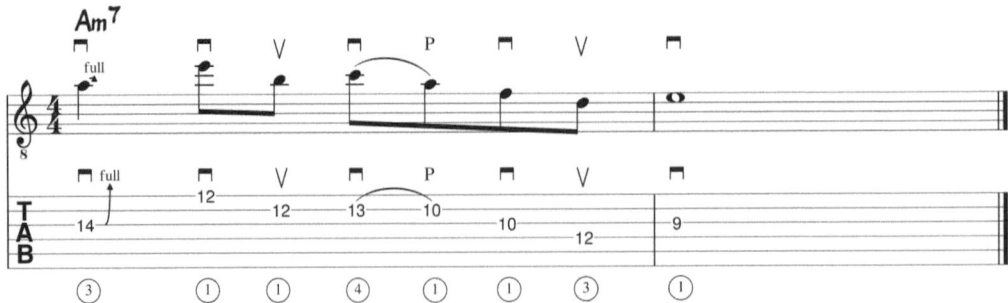

Mode 7: Lokrisch

Last but not least kommen hier die Möglichkeiten über Lokrisch, dem Modus, der an der siebenten Stufe entsteht. Es braucht etwas Zeit, um sich in dieses Klangbild einzuhören.
Die Halbtonschritte der lokrischen Tonleiter befinden sich an folgenden Positionen:

Zwischen erster und zweiter sowie zwischen vierter und fünfter Note.

Lokrisch ist nicht nur klanglich ein Exot. Du darfst nämlich nicht die Pentatonik vom Grundton aus spielen! Lokrisch enthält eine verminderte Quinte (b5) und somit ist die Pentatonik vom Grundton aus nicht möglich, diese verwendet nämlich eine reine Quinte.

Über B (H) - Lokrisch kannst du aber folgende Pentatoniken spielen:

* die Moll Pentatonik der 3. Note (=D- Moll Pentatonik)
* die Moll Pentatonik der 4. Note (= E-Moll Pentatonik)
* die Moll Pentatonik der 7. Note (= A-Moll Pentatonik, Ganzton runter)

Übung 107

Über die E-Moll zur D-Moll Pentatonik zum Grundton:

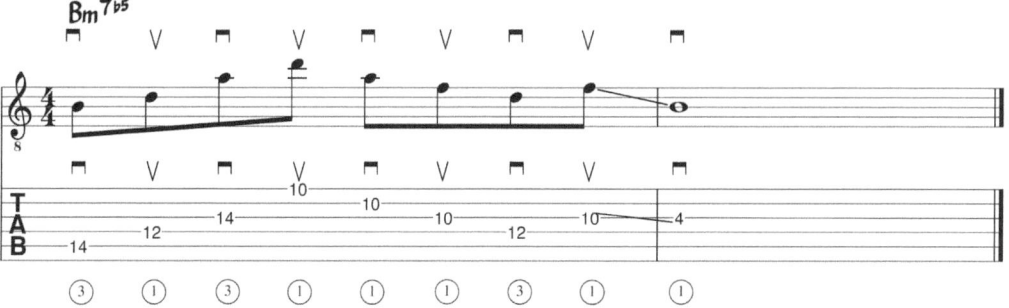

Hybrid - Pentatoniken

Das vorangegangene Beispiel leitet zum nächsten Punkt über:

Welche Denkansätze können verwendet werden, wenn ein Akkord oder das zu verwendende Tonmaterial eine „herkömmliche" Pentatonik nicht zulässt?

Sieh dir dazu folgendes Beispiel an:

Der Akkord, der an erster Stelle der lokrischen Tonleiter entsteht, ist ein halbverminderter Vierklang und nennt sich Bm7b5 (deutsch: Hm7b5).

Er besteht aus den Tönen: B (H) - D - **F** - A

Würdest du nun die B (H) - Moll Pentatonik über diesen Akkord spielen, so beinhaltet diese folgende Töne: B (H) - D - **F#** - A

Wie du siehst, decken sich die Töne nicht und somit solltest du die B (H)- Moll Pentatonik in diesem Fall nicht verwenden. Da kannst aber die Pentatonik modifizieren und diese an das Tonmaterial anpassen. Du baust dir sozusagen eine maßgeschneiderte Hybrid-Pentatonik!

In unserem Beispiel musst du also den Ton **F#** verändern: du ersetzt diesen durch den Ton **F**, der im Akkord bzw. in der Tonleiter des zu Grunde liegenden Tonmaterials vorhanden ist:

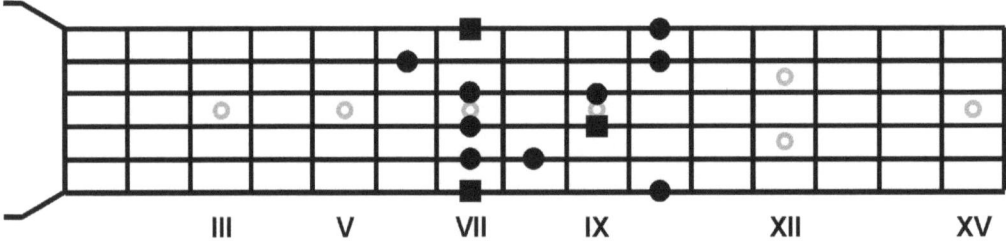

Dadurch entsteht ein Griffbild, das an die Grundstellung angelehnt ist, du brauchst nur auf diese eine modifizierte Note achten. Die restlichen Noten kannst du wie üblich spielen. Deine Licks passen dann wieder wunderbar.

Übung 108

Hier nun die neu entstandene Hybrid - Pentatonik in Noten und Tabulatur:

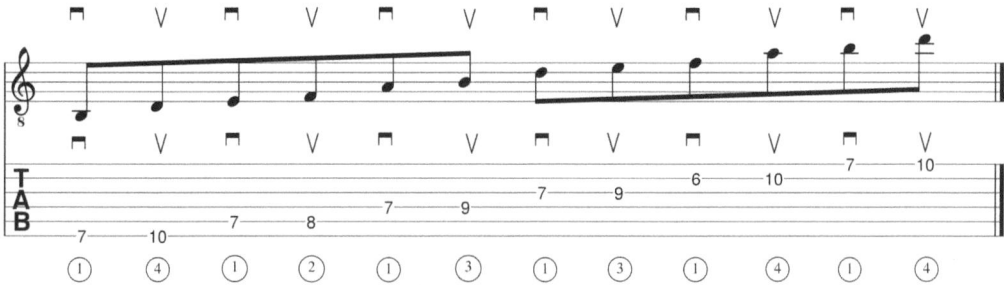

Beim nächsten Beispiel ist eine harmonisch- Moll Tonleiter der Ausgangspunkt. Diese unterscheidet sich von der natürlichen (aeolischen) Moll-Tonleiter durch eine erhöhte siebente Note, aus dem Ton G wird G#..

Die Grundstellung in A-Moll sieht nach einer kleinen Modifikation nun so aus:

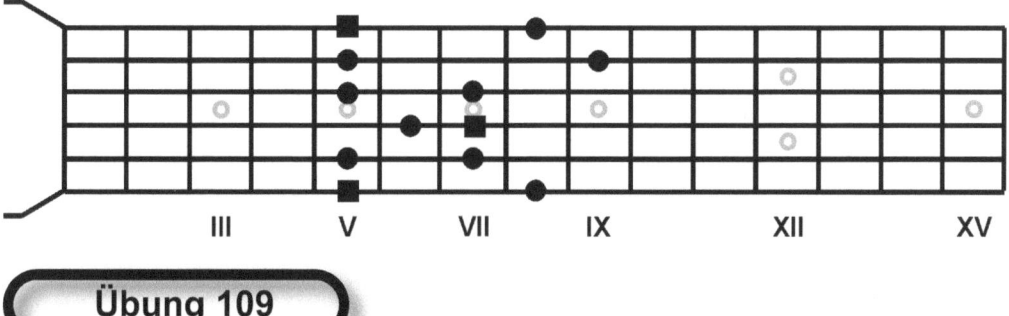

Übung 109

Die modifizierte Hybrid Pentatonik für A- Harmonisch Moll:

Das letzte Beispiel soll dir zeigen, welche Möglichkeiten durch das Erstellen von Hybrid - Pentatoniken entstehen.

Übung 110

Die folgende Akkordverbindung ist eine im Jazz typische II-V-I Verbindung in Moll. Über jeden Akkord werden die in den beiden vorangegangenen Beispielen gezeigten Hybrid- Pentatoniken verwendet.

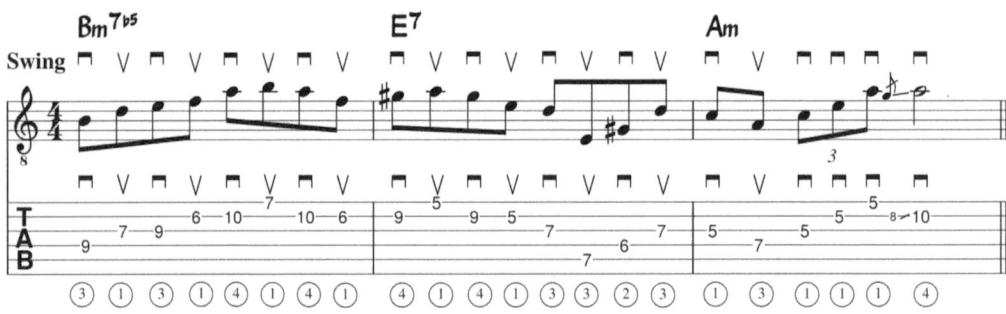

Die Pentatonik bietet dir eine schier unerschöpfliche Quelle an Möglichkeiten, dich musikalisch auszudrücken. Deiner Kreativität sind keine Grenzen gesetzt - schlußendlich entscheidest du, wie du dieses Tonmaterial einsetzt. Du kannst deine Töne kombinieren so wie ein Maler seine Grundfarben mischt, jedesmal entsteht aus den gleichen Farben ein gänzlich anderes Bild. Mache dir trotz jeglichen theoretischen Wissens immer bewußt, wie das, was du spielst, klingt. Dein Ohr sollte entscheiden, was du als tonal angenehm empfindest. Nur weil Töne laut Theorie stimmen, heisst es noch lange nicht, dass diese in deinem musikalischen Kontext auch gut klingen.

Falls du noch Fragen zu diesem Buch hast, so kannst du mich gerne per Mail an *office@berndkofler.at* kontaktieren.

Ich wünsche dir alles Gute auf deinem weiteren musikalischen Weg!

Bernd Kofler

Übungsplan

Woche	Tag 1	Tag 2	Tag 3	Tag 4	Tag 5	Tag 6
	Übung # ....bpm	Übung # ....bpm	Übung # ....bpm	Übung # ....bpm	Übung # ....bpm	Übung # ....bpm
	Übung # ....bpm	Übung # ....bpm	Übung # ....bpm	Übung # ....bpm	Übung # ....bpm	Übung # ....bpm
	Übung # ....bpm	Übung # ....bpm	Übung # ....bpm	Übung # ....bpm	Übung # ....bpm	Übung # ....bpm
	Übung # ....bpm	Übung # ....bpm	Übung # ....bpm	Übung # ....bpm	Übung # ....bpm	Übung # ....bpm
	Übung # ....bpm	Übung # ....bpm	Übung # ....bpm	Übung # ....bpm	Übung # ....bpm	Übung # ....bpm
	Übung # ....bpm	Übung # ....bpm	Übung # ....bpm	Übung # ....bpm	Übung # ....bpm	Übung # ....bpm
	Übung # ....bpm	Übung # ....bpm	Übung # ....bpm	Übung # ....bpm	Übung # ....bpm	Übung # ....bpm
	Übung # ....bpm	Übung # ....bpm	Übung # ....bpm	Übung # ....bpm	Übung # ....bpm	Übung # ....bpm
	Übung # ....bpm	Übung # ....bpm	Übung # ....bpm	Übung # ....bpm	Übung # ....bpm	Übung # ....bpm
	Übung # ....bpm	Übung # ....bpm	Übung # ....bpm	Übung # ....bpm	Übung # ....bpm	Übung # ....bpm
	Übung # ....bpm	Übung # ....bpm	Übung # ....bpm	Übung # ....bpm	Übung # ....bpm	Übung # ....bpm
	Übung # ....bpm	Übung # ....bpm	Übung # ....bpm	Übung # ....bpm	Übung # ....bpm	Übung # ....bpm

Minimum: 30 Minuten pro Tag, 5 Tage pro Woche

Weitere Bücher des Autors

Perfect Guitar – The Pentatonic Workbook

Autor: Bernd Kofler, BKM Verlag,
184 Seiten, € 9,90

Kurzbeschreibung des Inhaltes:

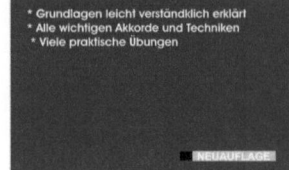

Dieses Buch richtet sich an GitarristInnen, die lernen wollen, frei zu improvisieren. Anfänger und Fortgeschrittenefinden hier viele neue Denkan-stöße. „The Pentatonic Workbook" versteht sich in erster Linie als Buch mit technischen Übungen, es beinhaltet aber auch viele Konzepte und praktische Beispiele. Exotische pentatonische Skalen runden das Angebot ab. Für Unterrichtende eignet sich dieses Buch hervorragend als Unterrichtsmaterial mit ansteigenden Schwierigkeitsgrad. Notiert in Standard-Notation und in Tabulatur.
Dieses Buch wurde vom österreichischen Bundesministerium für Bildung, Wissenschaft und Kultur geprüft und dient unter anderem dem Internet-lexikon Wikipedia als Quelle über Beiträge zum Thema Pentatonik.

Rezensionen auf Amazon.de:

„Das Pentatonic Workbook ist absolute Pflicht für jeden, der sich mit dem Thema Pentatonik auseinander setzen möchte"

„Das beste Gitarrenbuch, das ich je in Händen hatte."

„Wir benutzen es an unserer Musikschule als Standard Unterrichtswerk für E-Gitarre. Eine echte Empfehlung!"

Die mp3 Files zum Buch findest du auf der Website des Autors unter www.berndkofler.at

Warm ups - Professional Fingertraining
Autor: Bernd Kofler, BKM Verlag,
ISBN: 978-3842354166, 84 Seiten, € 12,90

Das Aufwärmen und Dehnen der Muskulatur
kennen wir von HochleistungssportlerInnen.
Wasfür SportlerInnen üblich ist, gilt auch für pro-
fessionell arbeitende MusikerInnen. Gerade
beim Gitarrespielen werden die Finger- und
Handmuskulatur extrem beansprucht. Deshalb
sind Aufwärm-, Dehn-,und Streckübungen vor
dem Spielen besonders wichtig. Dieses Buch ist
so konzipiert, dass für jeden Tag des Monats
eine andere Übung bereit steht. Nach Möglich-
keit sollten diese Übungen immer vor dem täglichen Spielen in wechselnder
Abfolge absolviert werden. Die Übungen erwärmen nicht nur die Muskulatur
und Sehnen der Hände, sondern schärfen auch die Feinmotorik, erhöhen
die Fingerkraft und fördern die Weiterentwicklung der Unabhängigkeit mo-
torischer Abläufe. Zusätzlich werdendie rhythmische Festigkeit und das Umsetzen verschiedener fingertechnischer Bewegungsmuster trainiert.

Building Speed
Autor: Bernd Kofler, BKM Verlag,
ISBN: 978-3-7392-3623-0, 104 Seiten, € 16,90

Ein Instrument bei hohem Spieltempo exakt zu
beherrschen und zu kontrollieren, verlangt nicht
nur viel Spielerfahrung und Praxis, sondern
auch eine bestens trainierte Motorik sowie eine
exzellenteTechnik. Das Buch beinhaltet eine
Sammlung von gezielten Übungen, die auf eine
Optimierung von Spieltechnik und Handmotorik
abzielen, damit beim Spielen ein Maximum an
Geschwindigkeit umgesetzt werden kann. Ein
Hochgeschwindigkeits - Trainingsprogramm für das Griffbrett, das für
Anfänger und Fortgeschrittene gleichermaßen geeignet ist. Alle Übungen
sind in Standardnotation und Tabulatur aufgeschrieben.
Inklusive über 400 Mp3 Files!

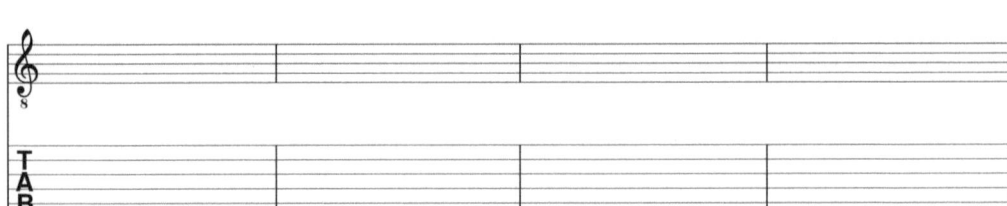

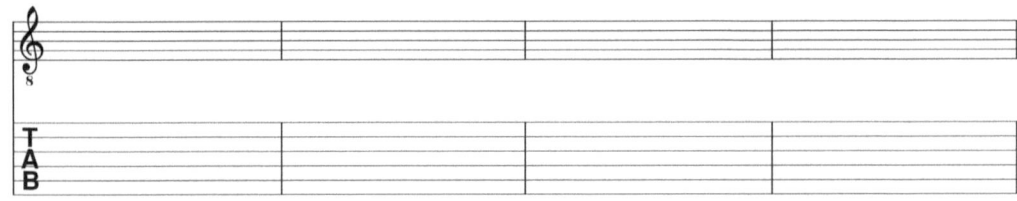

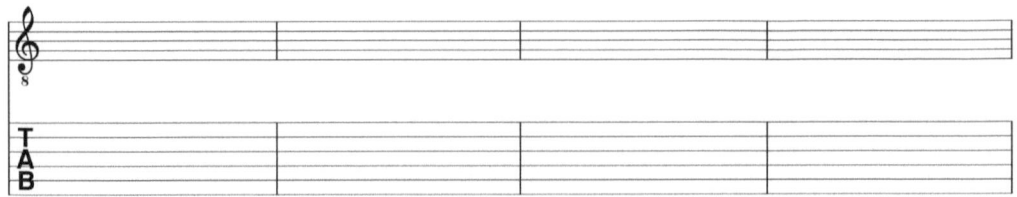